JN071756

平成六年三月

新様式による民事判決書の在り方について

東京高等・地方裁判所民事判決書改善委員会

ま　え　が　き
（抜刷としての増刷に当たって）

本書は，平成６年に「民事訴訟の運営改善関係資料(2)」として刊行されたものの抜刷です。実務に携わる各位の好個の参考資料と思われるので，当局のお許しを得て抜刷として増刷することといたしました。

令和２年４月

一般財団法人　法　　曹　　会

細目次

【参考判決】

第一　はじめに

東京高等・地方裁判所民事判決書改善委員会及び大阪高等・地方裁判所民事判決書改善委員会が平成二年二月に新しい様式による民事判決書（以下「新様式判決書」という。）を共同して提言して以来既に四年が経過した。現在ではこの新様式判決書による例が全国の裁判所において相当の割合に達するようになっている。

新様式判決書に対しては、当事者が真に知りたいところに平明かつ的確にこたえるものとしてこれを高く評価する声がある一方、判決書を読んでも判決の結論に至る論理的な過程や構造が分かりにくいとか、訴訟物が明らかでなく、要件事実の一部を見落としがちであるとか、弁論主義に反したり主張立証責任の所在を見誤ったりしかねないなどの問題点も指摘されてきた。また、共同提言は、争点が比較的簡単で事案の概要の記載から容易にその紛争の類型を把握することができるような事案を想定していたが、近時新様式判決書が次第に広く用いられるようになるとともに、争点が多数あり、その相互の関係が複雑な事案、当事者が複数で争いの有無が区々になるような事案などについても新様式判決書による例がみられるようになっている。このような事案において共同提言の趣旨を生かした新様式判決書を作成することは容易ではなく、新たな工夫も必要になってきている。

そこで、東京高等・地方裁判所民事判決書改善委員会では、このような現状を踏まえて、新様式判決書の在り方を再検討することとして、平成四年七月以来、十数回にわたって会議を開催し、問題点を討議するとともに、東京高等・地方裁判所の裁判官から寄せられた意見や多数の新様式判決書の実例について検討を重ねてきた。本報告は、これらの検討の結果に基づいて、新様式判決書の在り方についての当委員会の考えをまとめたものである。

なお、末尾に収録した参考判決例は、本報告の趣旨の理解の一助とするために、新様式判決書の実例の中から参考になると考えられるものを選択して、できる限り原文を活かすように配慮しつつ、「平易簡明な文体を用い、分かりやすい文章」を心掛けるという共同提言の趣旨に沿うように、当委員会において若干の修文を施す等適宜の修正を加えた上、所要の注を付したものである。

第二　新様式判決書の基本的な考え方

一　新様式判決書の基本構造と法の要請

1　共同提言は、新様式判決書の形式ないし構造として、次のような構成によることを提言している（共同提言三頁）。

一　事件番号、事件名、標題、当事者、代理人等の表示 二　主　　文 三　事実及び理由 1　請求（申立て） 2　事案の概要

当該事件がどのような類型の事件であって、どの点が中心的な争点であるのかを概説するものであり、次の争点に対する判断の記載と総合して、主文が導かれる論理的過程を明らかにする。

具体的な記載方法は、争いのない事実と主要な争点とを簡潔に記載する方法が基本型になる。

3 争点に対する判断

四 裁判所の表示及び裁判官の署名

この新様式判決書の形式ないし構造は、在来様式の判決書の形式ないし構造とは大きく異なっている。そこで、最初に、新様式判決書の形式ないし構造及びその基本的な考え方を、在来様式の判決書のそれと対比することによって、明らかにしておきたい。

2 民事訴訟法一九一条一項は、判決書の記載事項として、主文、事実及び争点、理由、当事者及び法定代理人並びに裁判所を挙げ、また、同条二項は、「事実及び争点」の記載は、口頭弁論における当事者の陳述に基づき要領を摘示してこれを行うべきものとしている。

ここで「事実及び争点」が判決書の記載事項とされている趣旨は、結局、次のように考えられる。すなわち、弁論主義が支配する民事訴訟においては、裁判所は、主要事実に関する限りでは、当事者の主張した事実のみを判断の基礎としなければならない。また、当事者間に争いのない事実についてはそれに拘束され、争いのある事実については証拠により事実の認定をして、これらの事実に基づいて係争の権利の発生、変更、消滅等を判断することになる。そこで、判決書においても、「事実及び争点」の記載により、当事者が権利の発生、変更、消滅等の要件としてどのような事実を主張し、そのうち当事者間に争いのある事実が何であるかを明らかにしなければならないものとしているのである。

しかし、民事訴訟法一九一条は、判決書中に当事者の陳述に基づく事実及び争点の記載と理由の記載がされているべきことを定めたものにすぎず、必ずしも当事者の主張する事実及び争点と判決理由とが場所的・外形的に区分して記載されていることまでを要求しているものではないし、ある事実がいずれの当事者の主張に係るものであるか、又はいずれの当事者が主張立証責任を負っているものであるかが明らかになるような記載をすることまでを要求しているものではないと解される。

3　判決書についての法の要請は以上のとおりであるが、在来様式の判決書においては、判決書を主文、事実及び理由に三分し、「事実」欄においては、権利の発生、変更、消滅等という実体法上の要件についての当事者の主張のすべてを、主張立証責任の所在に従って、請求原因、抗弁、再抗弁等として整理して記載し、かつ、それに対する認否を記載することによって、それぞれの要件事実についての争いの有無を明らかにし、「理由」欄においては、「事実」欄に示された論理的な構造に従って、争いのない事実についても改めてその旨を記載してこれを前提とし、争いのある事実については証拠判断をして、事実関係を確定した上で、これに法規を適用して請求の理由の有無を判断するという形式ないし構造が採られてきた。

これに対して、新様式判決書においては、「事案の概要」欄に争いのない事実と争点とを記載し、「争点に対する判断」欄には争点についての認定判断を記載して、「事案の概要」欄の記載と「争点に対する判断」欄の記載とが相俟って、主文を導くのに必要な事実関係を確定し、その論理過程を明らかにするという形式ないし構造が採られるのであって、新様式判決書は、在来様式の判決書と対比して、以下に項を改めて述べるような特色を持っている。

二　訴訟法的構成

1　在来様式の判決書は、前記のとおり、「事実」欄においても「理由」欄においても、権利の発生、変更、消滅等という実体法上の要件についての主張立証責任の所在に従った論理構造によって展開されるものであって、その意味ではこれを判決書の「実体法的構成」ということができる。

このような在来様式の判決書は、実体法上の要件事実についての主張立証責任に忠実な構成を採るものであるだけに、その作成過程において自ずと実体法上の要件を確認することになって、判断の正確性が担保されるという利点があるものの、当事者の主張が請求原因、抗弁、再抗弁等に分断して記載されるなど、ともすれば技術的になりやすく、また、「事実」欄と「理由」欄とで同一の事実を重複して記載することを余儀なくされることが多かったため、記載が煩さになって、社会的事実としての事案の理解が難しかったり、主要な争点の把握には難があった。

2　これに対して、新様式判決書では、在来様式の判決書における「事実」欄と「理由」欄とを統合した上で、基本的には、ある事実が請求原因、抗弁、再抗弁等のいずれに属するか、また、それがいずれの当事者の主張に係るものであるかには関係なく、まず当事者間に争いのない事実を示すことによって紛争の基盤を明らかにし（「争いのない事実」欄）、次いで、これを前提として争点を浮き彫りにし（「争点」欄）、これらの記載によって当該事件がどのような類型の事件であって、どの点が中心的な争点であるかを明らかにし、これらの争点についての裁判所の判断を示す（「争点に対する判断」欄）という構成によるものである。

このように、新様式判決書は、まず争いのある事実と争いのない事実とを区分して争点を整理し、争いのある事実を証拠によって認定して結論を導くという実際の訴訟の展開に即した構成を採るものであるということができるのであって、その意味ではこれを判決書の「訴訟法的構成」ということができよう。

三　一元的構成

1　また、在来様式の判決書は、先ず「事実」欄において、当事者の主張に従って事実に法規を適用して結論を導く三段論法の過程を摘示した上で、「理由」欄においても、裁判所がその認識に従って当事者の展開した三段論法を再度検証して権利の存否を判断するという構造を採るものであって、在来様式の判決書は、その意味では「二元的構成」によるものということができる。

2　これに対して、新様式判決書においては、在来様式の判決書における「事実」欄と「理由」欄とが統合されて、当事者の展開した三段論法と裁判所の認識による三段論法とが重複記載されることはなく、権利の発生、変更、消滅等という実体法上の要件事実のうち、あるものは争いがない事実として「事案の概要」欄中に摘示され、他のものは争点に対する判断として認定されるなどし、事案の概要の記載と争点に対する判断の記載とを総合して、主文を導くのに必要な事実がすべて確定されており、これに法規を適用して結論を導く論理的過程が明らかになっていれば足りるものとするのである。新様式判決書は、このような意味において、「一元的構成」によるものということができる。

四　弁論主義との関係

1　このように、新様式判決書においては、主張立証責任の所在ないし権利の発生、変更、消滅等の論理的な判断過程がそのままの形では判決書の上に現れず、また、当事者の展開した三段論法をそのまま理由中で繰り返して検証するという構成にはなっていないため、弁論主義及び主張立証責任はいわば背後に潜むことになる。

もとより、弁論主義が支配する民事訴訟においては、裁判所は、主要事実に関する限り、当事者の主張した事実のみを判断の基礎とすべく、当事者間に争いのない事実についてはそれに拘束され、争いのある事実のみを証拠によって認定すべきことは、判決書の様式のいかんにかかわらず、当然のことである。

新様式判決書による場合にも、在来様式の判決書による場合と同様、審理のあらゆる段階において、紛争の全体像の把握と主張立証責任の原則に従った適切な訴訟指揮、裁判所と当事者（訴訟代理人）の協同による的確な争点の整理等を心掛け、正確に訴訟物を確認し、請求原因、抗弁、再抗弁といった要件事実の基本的枠組みを的確に把握して、主要事実であると間接事実であるとを問わず、当該事件に現れた種々の事実の位置付けを明確にすることが重要である。

2　ところで、在来様式の判決書においては、「事実」欄において、それが判決主文を導くために必要であるか否かを問うことなく、当事者の主張はすべて網羅して摘示するのが一般的であったといえる（例えば、主位的請求を認容する場合における予備的請求に係る主張、請求原因又は抗弁を構成する一部の要件事実が認められない場合における請求原因又は抗弁を構成するその余の要件事実の主張など）。

新様式判決書においてこれをどのように取り扱うべきかが問題となるが、これについては、結局、法が判決書の「事実及び理由」の記載を要求している趣旨をさきにみたとおり専ら弁論主義との関係のみにおいて理解するか、それに加えて、第一審における判決書の事実及び争点の記載に控訴審の審理の便宜のための要約調書的な機能を持たせるべきものとして理解するかどうかに懸かるものであると言ってよいと思われる。

そして、この点については、法は、最小限度の要請としては、裁判所が主文を導くのに必要な限りでの主要事実の全部についての当事者の主張とそのそれぞれについての争いの有無を明らかにすることを要求しているにとどまるものであり、それ以外の事実は、その事案及び主張の内容及び性質、控訴審における審理の便宜、当事者又は第三者に対する理解の便宜等に従って判断して記載すべき任意的記載事項としたものと解することができよう。このことは、新様式判決書における「争いのない事実」及び「争点」の各欄において、主文を導くのに直接必要ではない事実をどこまで記載する必要があるかという点において問題となるので、後に改めて述べる。

第三　「請求」欄及び「事案の概要」欄について

一　「請求」欄の記載

共同提言では、「請求」欄の記載については、訴訟費用の負担の申立て、仮執行の宣言の申立て及び請求の趣旨に対する答弁を省略するほか、在来様式の判決書におけるのと同様とするものとしている（【参考判決五】の【注1】参照）。したがって、主位的請求を認容する場合における予備的な請求、選択的な関係にある請求のうち一つの請求を認容する場合における他の請求など、主文に結論が示されない請求についても、ここに掲げるのが相当である。

なお、事案によっては、【記載例1】のような形で、「請求」欄に請求の趣旨の記載に併せて訴訟物の記載をすることにしてもよい（第三の三2、【参考判決四】の【注1】参照）。

【記載例1】

被告は、原告に対し、一〇〇〇万円（平成五年一二月一日付け消費貸借契約の貸金元本）及びこれに対する平成六年三月一日（返済期日の翌日）から支払済みまで年一割五分の割合による金員（遅延損害金）を支払え。

二 「事案の概要」欄の記載の趣旨

1 共同提言は、新様式判決書の基本的な構造として、「争いのない事実」欄と「争点」欄とをもって「事案の概要」欄とし、これによって当該事件がどのような類型の事件であって、どの点が中心的争点であるかを明らかにすることを目的とするものとしている。

すなわち、「事案の概要」欄は、まず「争いのない事実」欄において、請求原因、抗弁、再抗弁等を構成する主要事実又は重要な間接事実のうち当事者間に争いのない事実を抽出して、時間的又は論理的順序に従って摘示し、これによって紛争の前提、背景ないし基礎を明らかにし、次いで「争点」欄において、争いのある事実を争点として掲げ、これによって当該事件がどのような類型の事件であって、その中心的な争点が何であるかを明らかにするものである。

2 ところで、争いのない事実と争いのある事実とが社会的な事実としてもはっきりと分断され、それぞれ一まとまりの事実を成しているような事案（例えば、正当事由による賃貸借契約の解約を原因とする明渡請求事件において、正当事由の存否についてのみ争いがあるような事案など）においては、争いのない事実だけを抽出して記載すれば、これによって自ずから紛争の前提、背景ないし基礎を明らかにすることができる。しかし、多くの事案においては、争いのない事実と争いのある事実とが錯そうしていて、機械的に争いのない事実のみを抽出してみても、断片的な事実の羅列となるにすぎず、それによって紛争の背景となった社会的事実をまとまりのあるものとして理解することができないのが通常である。

そこで、共同提言では、必ずしも機械的に争いのない事実と争いのある事実とを区別して摘示すべきものとはしないで、軽微な争点に係るもので証拠等（証拠及び弁論の全趣旨）により容易に認定することができる事実は、争いのない事実と合わせて記載し、それ以外の中心的な争点のみを争点として摘示することもできるものとし、これによって、右のような不都合を避けることとするとともに、当該事案の中心的な争点が一層浮き彫りとなるようにすることとしているのである。このように争いのない事実のほか、証拠等によって認定した事実をも記載する場合には、その欄について「争いのない事実等」という表題が実務上広く用いられている。

他方、争いのない事実であっても、必ずしも機械的にそのすべてを「争いのない事実」又は「争いのない事実等」として一括してここで記載しなければならないというものではなく、「争点」欄又は「争点に対する判断」欄において記載した方がよい場合のあることは、後に述べるとおりである（第三の四7）。

このように考えてくると、「争いのない事実（等）」という表題も、必ずしもすべての実案に妥当するものとはいえないのであって、場合によっては、これに代えて「前提事実」、「基礎事実」、「争いの基礎となる事実」等とした方がふさわしいこともあるのであり、事案に応じて使い分けるべきである（【記載例7】、【記載例9】、【参考判決二】、【参考判決四】、【参考判決六】参照）。

三　訴訟物等の記載

1　「事案の概要」欄の記載の趣旨が以上のようなものであるとすると、「争いのない事実（等）」として記載される事実は、請求原因、抗弁、再抗弁等を構成する事実の全部又は一部であったり、それらの主要事実の認定判断に必要な間接事実であったりすることになり、それらが一体としてまとまりのある社会的事実として記載されることになって、そこでは、ある事実が請求原因であるのか、抗弁、再抗弁等であるのか、それらの相互の関係(例えば、ある事実がどの抗弁に対してどういう意味において再抗弁となるかなど)、当該事実の主張当事者ないし主張立証責任の所在等は明示されないことになる。

そして、通常の賃貸借契約の解除による明渡請求とか、売買代金の請求などの典型的な事案においては、ある事実が実体法上どのような意味を持つものであるかを容易に理解することができるけれども、非典型的な事案、争点が複雑多岐にわたる事案、当事者が複数で主張が錯そうしている事案、訴訟物が複数の事案などにおいては、これらの論理的な構造ないし関係が必ずしも一見して明らかではないことが多い。

また、在来様式の判決書では、請求原因を構成する事実のみが他と分断されて完結的に摘示され、その末尾にいわゆる「よって書き」を記載するのが通例であったから、これによって自ずから訴訟物が明らかになる。しかし、新様式判決書では、このような記載方式は必ずしも採られないから、「事案の概要」欄の記載によっては必ずしも訴訟物が一義的に明らかになるとは限らない。

2　そこで、極めて単純な事案であって、「争いのない事実」及び「主要な争点」の記載によって自ずから訴訟物が明らかとなり、そこに記載された事実や争点として摘示された事実が実体法上どのような意味ないし位置付けを持つものであるかが明らかであるような事案を除いては、「事案の概要」欄の冒頭において、紛争の概要を簡潔に記載することによって、訴訟物を明らかにし、あるいは争いのない事実や争点として摘示される事実や主張が実体法上どういう意味を持つものであるのかを明らかにするのが相当である(【参考判決一】の【注2】、【参考判決二】の【注1】、【参考判決五】の【注2】参照)。また、主位的請求に予備的請求が併合されている場合又は選択的に請求が併合されている場合は、各訴訟物を明らかにするとともに、各訴訟物の関係を明らかにするのが相当である。

もっとも、事案によっては、このような記載は、「事案の概要」欄の冒頭にではなく、【記載例16】のように「争点」欄の冒頭に記載した方が分かりやすい場合も多い。

【記載例2】

本件は、原告が、本件不動産の所有権に基づき、その所有権の登記名義人である被告Aに対して所有権移転登記の抹消登記手続を、抵当権の登記名義人である被告Bに対して右抹消についての承諾を求め、被告らは、原告が本件不動産を被告Aに売り渡してその所有権を喪失したとして、その請求を争っている事案である。

【記載例3】

本件建物について、原告は、その所有権に基づき、所有権の登記名義人でありこれを占有している被告に対し、真正な登記名義の回復を原因とする所有権移転登記手続及び本件建物の明渡しを求めるとともに、訴状送達の日の翌日以降の賃料相当の損害金の支払又は不当利得の返還を求め、被告は、原告が本件建物を所有していることを争い、また、本件建物の占有権原として、主位的に賃借権を、予備的に留置権を主張する。

【記載例4】

原告は、主位的に、売買契約に基づいて本件物件の引渡しを求め、本件物件が滅失によってその引渡しが不能である場合に備えて、予備的に、履行不能に基づく損害賠償を求めている。


【記載例5】

本件は、所有権又は賃貸借契約の終了に基づき、本件建物の明渡しを求める事案である。

四 「争いのない事実（等）」欄の記載

1 「争いのない事実等」（又は「前提事実」、「基礎事実」等）欄の記載の趣旨は、前記のとおりであるから、ここでは、当事者間に争いのない事実と軽微な争点に係るもので証拠等によって認定した事実を時間的又は論理的順序に従って摘示すべきことになる。これらの事実中には、権利の発生、変更、消滅等に係る主要事実のほか、後に争点に対する判断において事実認定の推論の前提として使うことになる間接事実や争いの前提ないし原因となる事実等も含まれる。このうち、主要事実については、弁論主義の要請から、必ず当事者の主張があったものでなければならないことに注意すべきである。

また、当事者間に争いがない間接事実や証拠等によって容易に認定することができる間接事実をこの欄に記載した場合、「争点に対する判断」欄においては、在来様式の判決書におけるように、改めて「・・・の事実は当事者間に争いがなく」などとして再度これを記載する必要はなく、この欄における記載を受けて、そのままこれを事実認定の推論の前提としてよい。

2　形式的には当事者間に争いのある事実のうち、どの事実を軽微な争点にすぎないものとして「争いのない事実等」欄において認定し、どの事実を主要な争点に係るものとして「争点」欄に掲げるべきかについては、一般的に言えば、当事者が不知又は否認として争ってはいても、格別の反証があるわけではなく、証拠等によって容易に認定することができるような事実は、軽微な争点にすぎないものとして「争いのない事実等」欄において認定してよく、それ以外の事実は、主要な争点に係るものとして、「争点」欄に掲げるのが相当であろう。いずれにしても、当事者が真剣に争っているような事実を軽微な争点にすぎないものとして安易に処理すべきではないとともに、末梢的な事実にすぎないものを「争点」欄に掲げて、何が主要な争点であるのかが分からないといったようなことにならないようにすべきである。

3　「争いのない事実（等）」欄の記載に当たっては、当該事実の主張当事者又はそれらがいずれの当事者の主張立証責任に属するものであるかを明らかにする必要はない。

また、自白に係る事実と擬制自白に係る事実との区別については、民事訴訟法一九一条も、証拠等による認定を要しない「事実」とそれを要する「争点」とを区別して記載すべきものとしているにとどまり、「事実」が自白によるものであるか擬制自白によるものであるかを明らかにすることまでは要求していないものと解されるから、「争いのない事実（等）」欄の記載においても、この区別を明らかにする必要はない。

他方、主要事実については、当該事実が争いのない事実（擬制自白に係る事実を含む。）であるのか、証拠等によって認定した事実であるのか、また、争いのある事実については、それをどのような証拠等によって認定したのかは必ず明らかにすることが必要なのであって、両者を区別することなく混然として記載することは許されない。

4　このように、争いのない事実と証拠等によって認定した事実とを区分して記載したのでは、事案が理解しにくいことになるような場合も多いと思われる。現に実例の中には、「争いのない事実」の欄において、争いのない事実と証拠によって認定した事実とを形式的・機械的に区分して、それぞれに脈絡のない事実を羅列した結果、それだけではどのような事案であるかが理解しにくいものとなったためか、「争点に対する判断」の欄において、改めて争いのない事実を時間的又は論理的順序に従って再録しているものが見受けられた。そのような場合でも、適宜括弧書きなどを利用することなどによって、証拠等によって認定した事実と争いがない事実とを区別しつつ、しかも、これらを時間的又は論理的順序に従って摘示するなどによって、社会的な事案として理解しやすいように記載する工夫が必要である(【記載例6】、【記載例7】、【記載例8】、【参考判決二】の【注2】参照)。

また、認定証拠の記載として「関係証拠及び弁論の全趣旨」というような証拠の特定を全くしない記載が許されるわけではないことはいうまでもない。もっとも、間接事実については、当事者間に争いがないものであっても、証拠又は弁論の全趣旨によって認定したものとして、証拠等によって認定した他の事実と一括して掲げることにすることも、許されよう。

共同訴訟においては、当事者によって争いの有無を異にする場合が多いが、このような場合においては、当事者ごとに争いの有無を区別した上で、争いのある当事者との関係において当該事実を認定した証拠を掲げることが必要である(【記載例8】参照)。

5　表題として「争いのない事実等」を掲げた場合には、各項ごとに当事者間に争いがない旨を一々改めて摘示する必要はなく、証拠等によって認定した事実のみについて認定証拠を括弧書きで示すことで足りよう。しかし、表題として「前提事実」、「基礎事実」等と記載した場合には、争いのない事実と証拠によって認定した事実とを区別して、それぞれについてその旨を明らかにしたり、冒頭に「次の事実は、括弧内にその認定証拠を掲げた事実を除いて、当事者間に争いがない。」などと記載して、どの事実については争いがなく、どの事実については争いがあるかを明らかにすべきであろう。認定証拠を括弧書きで示す場合には、どの範囲の事実を証拠等で認定したかが明確になるように、各場合に応じた記載方法を工夫する必要がある（【記載例6】、【記載例7】、【記載例8】参照）。

【記載例6】保証金返還請求事件（【記載例15】に対応するもの）

（争いのない事実等）

1　甲会社は、平成元年三月一七日に本件ビルを建築してその所有権を取得し、同月三一日にその所有権保存登記をした。

甲会社は、同日、本件ビルを乙会社に売り渡し、乙会社のために所有権移転登記をした上、乙会社から本件ビルを賃借した（この項につき甲一～三）。

2　原告は、平成元年六月一六日、甲会社との間において、本件ビルのうちの本件賃貸部分につき、貸主を甲会社、借主を原告、借主が貸主に預託すべき保証金の額を三〇〇〇万円とし、賃貸借契約が終了して借主が貸主に本件賃貸部分を明け渡したときは、貸主は直ちに借主に対して預託を受けた保証金から二〇パーセントの償却費を控除した残額を返還するとの定めの賃貸借契約（以下「本件賃貸借契約」という。）を締結して、その引渡しを受けるとともに、甲会社に対して、約定の保証金三〇〇〇万円を預託した。そして、甲会社は、平成二年二月一五日に至って、本件ビルを買い戻して（甲一二）、乙会社のためにした前記所有権移転登記を錯誤を原因として抹消した。

3　ところが、甲会社は、平成二年三月二七日に本件ビルの所有権全部を中里三男外に持分各五〇分の一ないし五あて売り渡して、同月三〇日に各持分権者らのために所有権移転登記をし、また、持分権者ら全員は、それぞれ同月二七日に本件ビルの各持分を被告に信託譲渡をして（右信託譲渡の点につき乙四の1～5）、同月三〇日に被告のために各持分移転登記をした。

4　被告は、持分権者ら全員から本件ビルの持分の信託譲渡を受けた日と同日の平成二年三月二七日、丙会社との間において、本件ビルについて、被告を貸主、丙会社を借主とし、使用目的を「転貸して使用すること」として、賃貸借契約を締結し（乙六）、さらに、丙会社は、右同日、甲会社との間において、本件ビルについて、丙会社を貸主、甲会社を借主とし、使用目的を「転貸して使用すること」として、賃貸借契約を締結した（乙七）。

5　ところが、甲会社は平成三年九月一二日に破産宣告を受け、また、本件賃貸借契約は平成四年九月三〇日に終了して、原告は、右同日限り本件賃貸借部分を明け渡した。

【記載例7】境界確定請求事件（【記載例12】に対応するもの）

（前提事実）

1　東京都港区六本木六丁目五二番三宅地六三・五三平方メートル及び同町五二番二宅地一三六・六九平方メートルは、ともに同町五二番の宅地の一部で、大正一五年七月一三日に右宅地から分筆されたものである。原告は、昭和四二年一二月二〇日に贈与によって右五二番三の土地（以下「原告所有地」という。）を取得し、被告は、昭和三一年一二月一一日に売買によって右五二番二の土地（以下「被告所有地」という。）を取得して、現にそれぞれこれを所有している。その相互の位置関係は、別紙図面表示のとおりであり、原告所有地の西側及び被告所有地の東側の境界において隣接している（争いがない。）。

2　原告は、昭和四六年七月ころに原告所有地に鉄筋コンクリート造陸屋根地下一階付五階建事務所を建築した。被告は、昭和三三年一〇月ころに被告所有地に木造亜鉛メッキ鋼板葺二階建事務所を建築したが、昭和五〇年三月ころにこれを取り壊し、それ以来被告所有地を駐車場として使用している（争いがない。）。

そして、被告は、右建物を取り壊した際、別紙図面表示のとおり、同図面表示の㈧及び㈡の各点を直線で結んだ線に接してブロック塀を構築し、現在に至っている（乙第五号証及び原告本人尋問の結果）。

3　なお、別紙図面表示の㈠、㈡及び㈭の各点には、いずれも境界石が敷設されており、また、原告は、昭和六二年一二月ころ、東京都港区六本木六丁目五二番一の宅地及び同町五二番四の宅地の所有者である三須誠との間において、右五二番一の宅地と原告所有地との境界が同図面表示の㈠、㈫及び㈧の各点を順次直線で結んだ線であること、右同町五二番四の宅地と原告所有地との境界が同図面表示の㈡及び㈭の各点を順次直線で結んだ線であることをいずれも確認しており、同人との間においては境界に関する争いはない（甲第五号証、証人山口庄一の証言）。

【記載例8】建物収去土地明渡請求事件（【記載例16】に対応するもの）

（争いのない事実等）

1 甲会社は、平成元年六月二一日、乙会社に一四億円を貸し渡すとともに、乙会社との間で同社所有の本件土地及び同地上建物である本件旧建物を共同抵当として極度額を一四億円、債権の範囲を金銭消費貸借取引等とする根抵当権設定契約を締結して、根抵当設定登記を受けた。

2 丙会社は、平成二年二月二三日、乙会社から本件土地及び本件旧建物を買い受けて、所有権移転登記を受けたが、同月二五日、被告A社との間において、本件土地について被告A社を借主として存続期間を五年とする賃貸借契約を締結し（被告B社との関係で、右賃貸借契約の締結の事実につき、被告A社代表者尋問の結果）、被告A社のために賃借権設定仮登記をした。そして、本件旧建物は、そのころ、取り壊された。

3 乙会社は、前記消費貸借契約に基づき平成二年三月二五日限り甲会社に支払うべき利息の支払を遅滞したので、約定に従って期限の利益を失った。

そこで、甲会社は、同年五月一四日、東京地方裁判所に対し、本件土地について抵当権の実行としての競売の申立てを行い、同月一五日、競売開始決定がされて、これによる差押えの登記がされた。被告A社は、右差押登記後の平成三年一月ころに本件土地上に本件建物を新築して（被告B社との関係で、本件建物の建築時期につき、乙第三号証及び証人門田稔の証言）、所有権保存登記をした。

4 原告は、平成四年七月二四日、競売による売却によって本件土地を取得して、所有権移転登記を受けた。

そして、本件土地について被告A社のためにされていた前記賃借権設定仮登記は、賃借権が競売による売却によって消滅し又は効力を失ったものとして、右同日、東京地方裁判所裁判所書記官の嘱託に基づいて抹消された。

6　離婚事件などの人事訴訟事件にあっては、弁論主義の適用に制限があって、裁判上の自白及び擬制自白の成立する余地がないから、【記載例9】のように「前提事実」などとして、婚姻の成立、婚姻後の経過その他の客観的な事実関係を認定した上、これを前提として、「争点」欄において当事者の主張する離婚原因等の主張を掲げ、「争点に対する判断」欄でこれに対する判断を示すこととするのが相当であろう。

【記載例9】離婚及び財産分与請求事件（【記載例17】に対応するもの）

（前提事実）

甲第二号証、甲第九号証、甲第一五号証ないし第一七号証、原告及び被告各本人尋問の結果並びに弁論の全趣旨によれば、次の事実を認めることができる。

1　原告（昭和一四年七月一四日生まれ）と被告（昭和九年五月一〇日生まれ）は、昭和三八年七月一六日に婚姻の届出をした夫婦であって、その間に長男茂男（昭和四〇年三月八日生まれ）がいる。

2　被告は、婚姻以来、原告の協力の下に自宅でクリーニング店を営んでいたが、昭和四六年六月には本件宅地及び同地上の本件建物を代金一〇五〇万円で買い受けて、ここを右営業の本拠とした。右買受代金中の約四〇〇万円は、前記自営業による収益の蓄え等をもって支払い、残余の約六五〇万円は、いったん金融機関から借り入れた上で、その後の数年間に前記自営業による収益をもってこれを返済した。

3　原告は、昭和六三年一月初めころ、被告との口論等を契機として、長男とともに自宅を出奔して、知人のマンションの一室に転居し、右知人の営む不動産業の手伝いをするなどしていたが、同年一一月ころ、右知人の執り成しによって、自宅近くのアパートを借り受けて転居し、昼間は自宅に赴いて家事や前記自営業の手伝いをし、夜間は右アパートで就寝することになった。

しかし、右のような関係は結局長続きせず、原告は、平成元年九月ころ以降、自宅に出入りすることなく、長男とともにアパートに居住して、アルバイトの事務員として稼働して、現在に至っている。

7　ところで、以上に述べたところとは逆に、およそ当事者間に争いがない事実はすべてこの「争いのない事実（等）」欄に記載しなければならないものとすべきかどうかは問題である。

ここで「争いのない事実（等）」として記載することの意味は、社会的にまとまりのある一群の事実関係や当該事案の背景ないし基盤をなす事実を冒頭に出すことによって、事案ないし訴訟関係の明確な理解に資することにするとともに、当該事案の中心的な争点がどこにあるかを明らかにすることにある。したがって、争いのない事実をすべてここに機械的に一括して記載すべきこととしたのでは、争いのない事実がいわば「虫食い状態」で羅列されているにすぎないことになりかねない。とりわけ、理由中で推論の前提として使う当事者間に争いがない間接事実までをすべて争いのない事実としてここに一括して摘示すべきものとしたのでは、収拾がつかないことになるような事案もあるものと思われる。

したがって、主要な争点に係る一群の事実関係のうち、ある事実については争いがなく、これを争いのない事実として「争いのない事実（等）」欄に記載したのでは、事実の時間的又は論理的な前後関係、社会的な事実のまとまり又は関連性等によってかえって事案が理解しにくかったり、記載が煩さになるような場合においては、争いのない事実であっても、「争点」欄中に、争いのないことを明らかにした上で、争点の摘示の前提又はそれに関係する事実として記載することとしてよい（【記載例18】、【参考判決一】の【注5】、【参考判決五】の【注5】、【注6】参照）。

また、間接事実については、「争いのない事実（等）」欄に争いがない事実として摘示しないでおいて、「争点に対する判断」欄において初めてその旨を明示した上で、これを推論の前提とすることも許されてよいであろう。もっとも、この場合においては、他の争いのある事実とともに証拠又は弁論の全趣旨によって認定してもよい。

8　最後に、主文を導くのに必要ではない事実について、どの程度まで「争いのない事実（等）」欄に記載すべきかが問題となる。

原判決の記載に基づいて原審の口頭弁論の結果を陳述させて弁論の更新が行われることが多い控訴審の実務の現状等に照らすと、主文を導くのに必要ではないものであっても、当該事案がどのような紛争であるかを理解するために不可欠な事実、当事者が力を入れて主張し、証拠調べも行われたような争点の基礎や前提となる争いのない事実等については、これを記載しておくのが相当であろう。

もっとも、その記載の程度は、必ずしも常に行為者や日時等を具体的に特定して記載しなければならないというものではなく、概括的な記載で足りることも多いであろう（第四の二4参照）。

第四　「争点」欄について

一　「争点」欄の記載の趣旨

「争点」欄の記載は、「争いのない事実（等）」欄の記載を前提として、当該事案の中心的な争点を明らかにするものである。事実問題が中心的な争点である場合には、当事者間に争いがあって、証拠によって認定されるべき事実を摘示し、また、法律の解釈、適用に対する裁判所の判断を示す必要のあるものについては、これに関する当事者の主張の要点をここに記載することになる。

したがって、ここでいう「争点」は、請求原因、抗弁、再抗弁等の主要事実の全部又は一部であることもあり、あるいは間接事実であることもあり得るのであって、例えば、大部分の事実関係が当事者間に争いがなく、権利の発生、変更、消滅等の法律効果の発生が特定の要件事実についての特定の間接事実の存否に懸かっているような場合には、その間接事実の存否が中心的な争点としてここで摘示されることになる。

いずれにしても、「争いのない事実（等）」欄に記載された事実（争いがないとされた事実及び証拠等によって認定された事実）と、ここで「争点」として示された点についての「争点に対する判断」欄における裁判所の認定、判断とを合せると、少なくともそれによって主文を導くのに必要な限りでのすべての要件事実が尽くされていなければならないものであることに留意する必要がある。

二　「争点」欄の記載方法

1　事実問題が争点となる場合の「争点」欄の記載方法としては、争点を構成する具体的事実を摘示することになる。

実例の中には、「争点」欄の記載として、例えば、所有権の帰属が争われている事案において、「原告が所有権を有するかどうか。」とか、「遺産分割協議が有効に成立したかどうか。」などといった権利状態の有無あるいは法律行為の有効性といった抽象的な命題を掲げるにとどまるものや、「売買契約の成否」、「債務不履行による契約の解除の適否」、「通謀虚偽表示について被告が善意の第三者に当たるかどうか。」といった法的評価を掲げるにすぎないものが見られたが、前提となる事実関係に争いがなく、その法的評価や法令の適用のみが争点となっているような場合（【参考判決五】の【注3】参照）であればともかく、争点の摘示としてはこのような記載だけでは不十分であって、少なくとも所有権の取得原因とされる某月某日の贈与が認められるかどうかとか、遺産分割協議について相続人の意思表示に無効原因となる錯誤や取消原因である詐欺又は強迫を構成する具体的事実が認められるかどうかなどといった具体的な主要事実のレベルで争点を記載すべきである。同様に、境界確定事件において、争点として「境界がどこであるか。」などと記載するにとどめる例がみられるが、それだけでは争点として摘示する意味に乏しく、このような事案においては、当事者がどのような根拠に基づいてどこを境界の基点として主張しているか等双方の主張の食い違うゆえんを具体的に摘示するのが相当である。

例えば、賃料不払いによる賃貸借契約の解除とか、売買代金の請求などのような典型的な事案において、受領拒絶を原因とする弁済供託とか錯誤による売買契約の無効が争点となっているにすぎないような場合には、「争いのない事実（等）」の記載によって争点として摘示された事実が実体法上どのような意味を持つものであるかを容易に理解することができるのが通常である。このような場合には、争点の摘示としては、受領拒絶とか、反対債権の発生原因などの争いのある主要事実を掲げることをもって足りる。その事実の主張当事者やその事実が抗弁、再抗弁等のいずれに当たるかなどを記載する必要はないのはもとより、それに対する相手方の認否（否認か不知かなど）や反論などを記載することは必要でない。

このように、争点の記載は、必ずしも主張立証責任の所在に従って記載される必要はないが、例えば、善意であることが要件事実である場合の争点の記載として、「悪意であったかどうか」とするなど、要証事実の反対事実を争点として掲げるようなことをしないようにすべきである。


【記載例10】

（被告の受領拒絶）

被告が平成四年五月三日ころに原告の妻である小山ハツに対して電話により「地代を支払いたいが、いつごろ行ったらよいか。」と尋ねた際、右ハツが「来てもらっても、地代は受け取れない。」として賃料の受領を拒絶したか。


【記載例11】

（錯誤による無効）

本件売買契約は、被告が本件土地付近に地下鉄の駅を設置する計画があるものと誤信してその買受けの意思表示をしたものか。

【記載例12】（【記載例7】に対応するもの）

1　原告

原告は、昭和四二年一二月に原告所有地を取得して以来、別紙図面表示の㋑、㋺、㋩、㊁、㋭及び㋑の各点を順次直線で結んだ内側の部分が原告所有地であるとしてこれを占有してきた。被告も、昭和三三年一〇月ころ以降、同図面表示の㋩及び㊁の各点を直線で結んだ線に接してその西側に木塀を設置し、その西側を被告所有地として占有し、その後、右木塀を前記のとおりブロック塀に取り替えたものであって、この間、原告所有地と被告所有地との境界が同図面表示の㋩及び㊁の各点を直線で結んだ線であることはなんら争いがなかった。したがって、原告所有地と被告所有地との境界は、同図面表示の㋩及び㊁の各点を直線で結んだ線であり、同図面表示の㋑、㋺、㋩、㊁、㋭及び㋑の各点を順次直線で結んだ内側の部分が原告の所有に属する。

2　被告

原告所有地と被告所有地との境界が別紙図面表示の㋩及び㊁の各点を直線で結んだ線であるとすると、原告所有地は、その形状において公図に記載されたものとは著しく異なることになり、また、その地積においても登記簿上のそれより多いことになる。

原告所有地と被告所有地との境界は、同図面表示の㋺と㋭の各点を直線で結んだ線である。

また、いわゆる規範的構成要件が争点となっている場合には、これを基礎付ける事実のすべてを「争点」欄に記載するまでの必要はないが、「正当事由の存否」とか、「過失の有無」といった概括的な指摘をするだけでは争点の記載としては不十分であって、少なくとも当事者の主張の概略を類型的に記載する程度のことは必要であろう（【参考判決五】の【注4】参照）。

【記載例13】

本件の争点は、原告が平成三年五月三日に被告に対してした本件賃貸借契約の解約申入れに正当事由があるかである。原告は、正当事由として、本件建物を取り壊し、その敷地上に原告の子供らの居住建物を建築する予定であること、本件建物は、築後六〇年が経過して著しく老朽化し、その経済的耐用年数は経過したこと及び現在本件建物は空き家であり、被告の住居としての必要性がないことを主張し、その補完として、八〇〇万円の立退料を支払うと述べ、他方、被告は、本件建物を住居兼営業用建物として居住使用する必要性があると主張する。

損害賠償請求事件における損害の具体的な内容、項目、金額等についてはその詳細な記載を省略しても差し支えない場合が多いであろうが、損害の個々の項目や額が中心的争点となっている場合には、「事案の概要」欄で原告が請求している損害項目とその額を簡潔に記載し、請求の趣旨として掲げる金額の算定の根拠を明らかにすべきである（【参考判決三】の【注1】）。

【記載例14】

原告は、本件事故により、入院雑費八万八〇〇〇円、慰謝料一五四四万円（入院によるもの二四四万円、後遺障害によるもの一三〇〇万円）、逸失利益二六〇二万四九七〇円及び弁護士費用二五〇万円の損害を受けたとして、前記補填金額一三五万円との差額三〇五五万二九七〇円の請求をするのに対して、被告は、右損害の発生やその金額をすべてを争っている。

2　非典型的な事案や争点を構成する事実が必ずしも類型的なものではない場合などでは、単に争いのある主要事実又は間接事実を摘示したのみでは、その事実が実体法上どのような意味を持つものであるかが必ずしも明らかではない場合が多い。このような場合には、その事実の主張当事者を明示し、あるいは、当事者双方の主張を対比して簡潔に記載することによって、争点の所在を明らかにするのが相当であろう（【記載例15】、【記載例16】、【記載例17】、【参考判決五】の【注4】参照）。

また、複数の争点があって、単にそれを羅列しただけでは、その相互の関係や位置付けが明らかでない場合には、主張当事者とその具体的主張内容を記載し、相互の関係を明らかにするなどの工夫が必要である（【記載例18】、【参考判決一】の【注3】、【注4】、【参考判決六】の【注1】参照）。

【記載例15】（【記載例6】に対応するもの）

1　原告

甲会社と乙会社との間の本件ビルの賃貸借契約は、甲会社が本件ビルを買い戻したことによって、混同によって終了した。

そして、本件賃貸借契約の貸主たる地位は、甲会社が持分権者らに、持分権者らが被告に、本件ビルを売り渡し、又は信託譲渡したことによって、当然に持分権者らを経て被告に承継されたものであるから、被告は、本件賃貸借契約の定めに従って、原告に対して、前記保証金を返還すべき義務がある。

2　被告

原告は、本件ビルの所有者であった乙会社から本件賃貸部分を借り受けたものではなく、乙会社から賃借していた甲会社から転借を受けたものであるから、その後たまたま甲会社が本件ビルを買い戻したからといって、乙会社と甲会社との間の本件ビルの賃貸借契約が混同によって終了することはない。

そして、前記のような事実関係によれば、甲会社と持分権者ら及び持分権者らと被告は、それぞれ本件賃貸借契約の貸主たる地位を承継することなく、原告への貸主は甲会社としたままとすることを合意して、本件ビルの持分の売買又は信託譲渡をしたものと解すべきであるから、被告が本件賃貸借契約における貸主たる地位を承継したものというべき理由はない。

【記載例16】（【記載例8】に対応するもの）

（争点）

原告は、被告A社に対し、本件短期賃借権は原告に対抗することができないものであるとして、本件土地の所有権に基づき、本件建物を収去して本件土地を明け渡すことを求め、被告B社に対し、同社が本件建物を占有して本件土地を占有しているとして、本件建物から退去して本件土地を明け渡すことを求めるものであって、その争点は、次のとおりである。

1　原告

被告A社は、丙会社共々、Bが支配する同族会社であって、乙会社の経営難に乗じて、丙会社名義で本件土地を取得するなどして、事実上乙会社を乗っ取って支配していたものである。

そして、被告A社は、競売開始決定による差押えの登記当時には本件土地を占有しておらず、その後に本件土地に本件建物を建築したものであって、この行為は悪質な執行妨害であり、右各企業の前記のような関係に照らすと、丙会社の本件土地の取得、本件賃貸借契約の締結等の一連の取引は、本件土地についての執行を妨害するための方便にほかならないことが明らかである。

したがって、被告A社は、原告に対して、本件短期賃借権をもって対抗することができない。

2　被告A社

丙会社は、かねてから経営難に陥っていた乙会社に対して十数億円を融資するなどしていたが、被告A社と協力して、乙会社の再建を図るため、本件土地を取得して再開発を行うことを計画して、丙会社において本件土地及び本件旧建物を取得する一方で、被告A社に対して、右再開発計画の作成及び実施を依頼し、被告A社も、これを引き受けた。

甲会社も、当時、乙会社に対する多額の融資金の回収に腐心し、その一方法として右再開発計画に同調して、同年二月五日、乙会社に対して共同抵当の目的となっていた本件旧建物の取壊しを承諾するなどした。

そこで、被告A社は、平成二年二月二五日、本件土地に再開発計画の実施のための現地事務所を建築することとして、本件土地を買い受けた丙会社との間において、右の目的のために本件賃貸借契約を締結し、また、本件旧建物を取壊すなどしたものである。ところが、甲会社は、本件旧建物の滅失登記の申請に協力しなかったので、被告A社は、本件土地に予定していた現地事務所を建築することができず、やむなく差し当たって本件土地を駐車場として利用し、平成三年一月ころに至って本件建物を建築したものである。

これらの事実に徴すると、被告A社は、本件短期賃借権をもって、根抵当権者である甲会社、ひいては買受人である原告に対抗することができるものというべきである。

3　被告B社

本件建物には被告B社の看板が設置されたままであるが、被告B社は、既に本件建物から退去し、本件建物を事務所として使用していない。

【記載例17】（【記載例9】に対応するもの）

（原告主張の離婚原因―民法七七〇条一項五号）

1　被告は、婚姻当初から毎日のように飲酒して帰宅し、自宅でも晩酌をして酩酊し、その挙げ句には、原告や子供に対して、大声をあげて暴言を吐いたり、殴る蹴るなどの暴力を振るい続けた。

原告は、昭和六二年六月ころ、被告の身を案じて医師に相談し、被告にも受診を勧めたにもかかわらず、被告は、受診を拒否して、アルコール依存症を治療しようとしない。

被告は、けちな性格であって、原告には生活費を出し渋る一方で、自らはゴルフや歓楽街での遊興等に多額の金銭を費消している。

2　原告は、昭和六二年一二月下旬ころ、青森県在住の病気の母親を見舞ったが、その際、被告に無断で金融機関から旅費等を借り受けていたところ、被告は、これを知って、昭和六三年一月一日に帰宅した原告や長男に物を投げつけるなどの暴力を振るい、「出て行け」とどなるなどした。

そこで、原告及び長男は、それまでの被告の行動や態度に耐えかね、前記のとおり、長男とともに右自宅を出て、知人のマンションの一室に転居したものである。

3　原告は、昭和六三年一一月ころ、被告との婚姻生活が正常な状態に復帰する可能性を模索するため、前記のとおり、アパートに転居して、昼間は自宅に赴き、家事や自営業の手伝いをするなどしたが、被告は、なんら反省することもなく、旧態依然の有様であった。

3　主要な争点を形成する一群の事実関係のうちある事実については争いがない場合、これを争いのない事実として「争いのない事実（等）」欄に記載したのでは、事実の時間的又は論理的な前後関係、社会的な事実のまとまり又は関連性等によってかえって事案をわかりにくくし、あるいは記載を煩さなものにするようなときは、争いのない事実であっても、「争点」欄中において、争いのないことを明らかにした上で、争点の摘示の前提又はそれに関係する事実として記載することも考えてよいであろう。場合によっては、「争点に対する判断」欄に至って初めて当事者間に争いがない旨を明示してその事実を掲げ、これを争点に対する判断説示の過程に組み込むのが相当と考えられることもあろう（【参考判決一】の【注5】）。

実例の中には、争点を構成する事実のうち一部には争いのない主要事実が含まれているにもかかわらず、「債務不履行による契約の解除の成否が争点である。」、「民法一〇九条の表見代理の成否が争点である。」などとして争点を概括的に掲げるにとどめて、「争点に対する判断」欄においては、これらの全部を争いのあるものとして証拠によって認定しているような例も見られた。しかし、このような場合には、「争点」欄において争いのない主要事実と争いのある主要事実を区別して記載するか、少なくとも「争点に対する判断」欄において争いのない事実についてはその旨を明示することが必要である。

【記載例18】

（原告らの主張）

1　原告ら三人は、次の経緯によって、本件建物についてそれぞれ四分の一の持分を取得した。

(一)　本件建物は、安藤英雄が建築し所有していた。

(二)　英雄は、昭和三二年五月二六日死亡し、妻である裕子、子である原告ら三人及び被告が相続した（争いがない。）。

(三)　裕子は、平成二年一月二九日死亡し、子である原告ら及び被告が相続した（争いがない。）。

2　仮に裕子が本件建物及びその敷地の借地権を被告に遺贈したとすれば、原告らは、次のとおり遺留分減殺請求権を行使したから、それぞれ二四分の五の持分（英雄からの右相続により取得した六分の一の持分と右減殺請求により取得した二四分の一の持分の合計）を、仮に被告主張のとおり本件建物がもともと裕子の所有であったとすれば、それぞれ八分の一の持分を取得した。

㈠　原告らの遺留分算定の基礎となる裕子の財産は、本件建物（三分の一の持分又はもともと裕子の所有であったとすれば所有権）とその敷地の借地権（三分の一又は全部）だけであった。

㈡　原告らは、平成三年一二月一六日、被告に対し、被告主張の遺贈につき遺留分減殺請求をする旨の意思表示をした（争いがない。）。

3　本件建物については、平成元年二月二二日、被告のために売買を原因とする所有権移転登記がされている（争いがない。）。

（被告の主張）

1㈠　本件建物は、裕子が昭和九年八月一日に江崎幸三からその敷地を賃借しそのころこれを建築したものであって、英雄の所有ではなく、もともと裕子が所有していたものである。

㈡　仮に㈠の事実が認められないとしても、裕子は、昭和九年八月から本件建物を第三者に賃貸して家賃収入を取得し、自己の名義で本件建物の固定資産税を支払うなどして、本件建物を所有の意思をもって占有していたものであるから、遅くとも昭和二九年八月末日には本件建物の所有権を時効により取得した。そこで、被告は、平成三年二月二五日、右時効を援用する旨の意思表示をした（被告が右意思表示をしたことは争いがない。）。

2　被告は、平成元年一月一九日、裕子より本件建物を買い受け、同年二月二二日、所有権移転登記を受けた。

3　仮に右売買が無効であるとしても、裕子は、昭和六三年六月二九日、自筆証書により本件建物及びその借地権を被告に贈与する旨の遺言をした。

4　最後に、判決の主文を導くのに必要ではない争点をどの程度この「争点」欄に摘示すべきかが問題となる。ここでも、第三の四8に述べたのと同様の理由により、当事者が力を入れて主張し、証拠調べも行われたような争点については、控訴審における審理に資することになるから、これを記載しておくのが相当であろう。もっとも、その場合においても、必ずしも常に行為者や日時等を具体的に特定して記載しなければならないというのではなく、当該主張の内容及び性質に照らして、「表見代理の成否」、「消滅時効の成否」などといった概括的な記載をすることで足りることも少なくないであろう。

第五　「争点に対する判断」欄について

一　「争点に対する判断」欄の記載の趣旨

既に繰り返して述べたように、新様式判決書においては、在来様式の判決書におけるように、当事者の展開した三段論法と裁判所の認識によるそれとが反復して記載されることはなく、「事案の概要」欄の記載と「争点に対する判断」欄の記載とを総合して、主文を導くのに必要な要件事実がすべて確定されており、これに法規を適用して結論を導く論理的課程が明らかになっていれば足りるのであるから、「争点に対する判断」欄の記載としては、「事案の概要」欄を前提として「争点」欄に掲げられた点について端的に判断を示せば足りることになる。

したがって、「争点に対する判断」欄の記載に当たっては、在来様式による判決書におけるように「事案の概要」欄の記載を再録して「・・・の事実は当事者間に争いがなく、」などといった記載をする必要はないし、「事案の概要」欄に争いがない事実等として記載された間接事実から推認して主要事実を認定するような場合においても、それがどの事実を指すのかが明らかである以上は、ここで改めて右の間接事実を記載する必要はなく、ここでは「事案の概要」欄の記載を当然の前提として推論の過程を説示すれば足りることになる（なお、【参考判決六】の【注3】参照）。

二　主張立証責任との関係

新様式判決書においては、在来様式による判決書におけるように、必ずしも当事者の主張が主張立証責任の所在に従って記載されるとは限らないが、審理判断の過程においては、主張立証責任に従って当事者の主張を整理し、主張立証責任の所在に基づいた認定判断をしなければならないことはいうまでもない。

そして、「争点」欄における争点の記載は、必ずしも認定判断の対象となる事実についての主張立証責任の所在が明らかになるように記載されるとは限らないが、「争点に対する判断」欄の記載に当たっては、認定判断される事実がいずれの主張立証責任に属するものであるのかを踏まえた記載をする必要がある。

三　判断過程の記載

新様式判決書においては、「争点に対する判断」欄の記載が、判決書の中心部分を構成することとなるから、当事者が相対立する証拠を提出するなどして真に争っているような事項について裁判所が結論を示す場合には、証拠の取捨選択の理由等を当該事実関係に即して具体的に明らかにする等、当事者の知りたいところにこたえるような記載をするように努めるべきである。証拠から直接認定することができるのが間接事実であり、主要事実は、その間接事実及び経験則からの推論によって認定されるような場合にあっては、その判断過程を省略して、証拠から直接主要事実を認定したかのような記載をすることは避けるべきであり、その推認の過程に忠実な記載をすべきである。

四　書証、人証の記載方法

新様式判決書においては、特に成立が問題となる書証を除き、書証の成立に関する判断を記載しないが、特に成立が問題となる書証については、単に「証人何某の証言により真正に成立したと認める甲第何号証」というような簡単な説示にとどめることなく、その成立を認める理由ないし否定する理由をその書証の内容や成立経過に即して具体的に明らかにすべきである。

また、証人の証言や当事者尋問の結果のうち一部を採用し、これと矛盾する他の部分を採用しない場合には、従来は「証人何某の証言（後記一部採用しない部分を除く。）」、あるいは「証人何某の証言（以下の認定に反する部分を除く。）」などといった形式的な記載がされることが多かったが、その認定事実に沿った証言部分のみを認定の基礎としていることは当然のことであるから、このようなただし書は原則として省略して差し支えない。もっとも、同一証人が明らかに矛盾した証言をしていながら、その一部のみを認定の基礎とする場合は、何故そうするのかを理由中で明らかにしておくべきである。

五　「結論」欄の記載の要否

請求の趣旨のうちの附帯請求については、当事者間において重要な争点とならない場合が多いため、新様式判決書の「事案の概要」欄に、原告がその附帯請求の起算日とした期日や、その期日を起算日とした理由などが記載されない場合が多い。そのような場合に、主たる請求に係る金銭の支払と共に一定期日を起算日とする附帯請求に係る金員の支払を主文において命じる場合には、「争点に対する判断」欄において、その期日を起算日とした理由を明示する必要が生じる。特に、主文において原告の附帯請求の起算日より遅れた日を起算日として附帯請求の一部を排斥する場合には、その明示の必要性が大きい。このような場合には、「争点に対する判断」欄の末尾に、「結論」欄を設け、主たる請求を認容する趣旨を結論的に記載するのと併せて、附帯請求の起算日の認定の理由を簡潔に記載するのが相当であろう。

【記載例19】

そうすると、原告の請求中、被告らに対し、各自、設計報酬一一〇万円及びこれに対する平成元年一月二〇日（原告が被告らに対して右報酬の支払を請求した日の翌日）から右支払済みまで商事法定利率年六分の割合による遅延損害金の支払を求める請求は理由があるが、空調設備の調査の報酬一〇万円の支払を求める請求は理由がない。

同様のことは、請求が選択的に併合されている場合にも生じる。新様式判決書においては、主文を導き出すのに必要な限度で請求とこれに対する判断を示せば足りるから、いくつかある選択的請求のうちの一つが認容された場合は、「争点に対する判断」欄の記載によっては、認容されたのがどの選択的請求であるのかが必ずしも明らかにならない場合が起こり得るから、「結論」欄を設ける等して、どの選択的請求を認容したのかを明らかにする必要がある。他方、予備的請求を認容する場合には、争点に対する判断の過程で、主位的請求を排斥する旨が記載されるから、必ずしも「結論」欄の記載の必要はないであろう。しかし、請求が複雑になる場合には、どの請求を認容し、どの請求を排斥したかを明確にするために、「結論」欄を設け、その旨を記載するのが相当であろう。

【記載例20】（【記載例4】に対応するもの）

以上によれば、原告の本件物件の引渡しを求める請求は理由がないが、原告の履行不能に基づく損害賠償請求は、一〇〇万円及びこれに対する訴状送達の日の翌日である平成六年三月一日から支払済みまで年五分の割合による遅延損害金の支払を求める限度で理由がある。

【記載例21】（【記載例5】に対応するもの）

以上によれば、原告の本件建物の所有権に基づく請求は理由があるから、これを認容する。

なお、仮執行の宣言の申立てがあったが、これを付さない場合は、「結論」欄において、その趣旨を記載しておくのが、裁判を遺脱したという誤解を避ける意味で相当な措置と思われる（【参考判決四】の【注2】参照）。

以上のように、特に「結論」欄を設ける必要性のある場合を除けば、在来様式の判決書のように特に「結論」欄を設けて、締めくくりをするような必要はない（なお、【参考判決六】の【注4】参照）。

【参考判決二】

平成二年(ワ)第一三一〇二号建物明渡本訴請求事件

平成三年(ワ)第一八〇五六号所有権移転登記反訴請求事件

判　　決

東京都中央区銀座二丁目二五番九―五〇二号

原告（反訴被告。以下「原告」という。）　鈴　木　虎　男

右訴訟代理人弁護士　甲　野　太　郎

東京都中央区銀座二丁目二五番九号

被告（反訴原告。以下「被告」という。）

鈴木運送株式会社

右　代　表　者【注1】　鈴　木　春　男

右訴訟代理人弁護士　乙　野　次　郎

主　　文

一　原告の本訴請求及び被告の反訴請求をいずれも棄却する。

二　訴訟費用は本訴反訴を通じてこれを三分し、その一を被告の負担とし、その余を原告の負担とす

る。

事実及び理由

第一　請求

一　本訴について

被告は、原告に対し、別紙物件目録記載の建物（以下「本件建物」という。）を明け渡し、かつ、平成二年九月一日から右明渡済みまで一か月金一〇〇万円の割合による金員を支払え。

二　反訴について

原告は、被告に対し、本件建物について、昭和六一年三月末日贈与を原因とする所有権移転登記手続をせよ。

第二　事案の概要

本訴において、原告は、所有権に基づき本件建物の明渡しを求めるとともに、不法行為による損害賠償として賃料相当損害金の支払を求め、被告は、原告から本件建物の贈与を受けた（仮にそうでないとしても、本件建物について賃借権又は使用貸借契約上の借主の権利を有する）と主張してこれを争い、反訴において、被告は、本件建物について贈与による所有権移転登記手続を求める。

なお、被告は、原告が創業した会社であり、原告の実子である鈴木春男（以下「春男」という。）は代表取締役、原告が取締役をしており、本件は、親族間紛争の一環である。【注2】

一　争いのない事実

1　被告は、昭和二六年四月、一般小型貨物自動車運送事業等を目的として設立され、原告がその代表取締役に就任した。原告は、西田早苗から、東京都台東区千東五丁目一六番地二宅地五〇〇・〇〇平方メートル（以下「本件土地」という。）を普通建物の所有を目的として賃借して、昭和三二年九月ころ本件土地上に本件建物を建築し、これを所有した(昭和三五年七月二五日所有権保存登記)。被告は、それ以来、本件建物を営業用の事務所等として使用し、現在に至っているが、平成二年五月ころまでは、原告が右使用に異議を述べたことはない。

2　春男は、原告とその後妻花子との間の長男で、昭和四三年ころ、被告に入社し、昭和四六年六月、原告から代表取締役の地位を引き継ぎ、被告の経営に当たることになり、同年七月二〇日には、原告と西田との間の本件土地についての賃貸借契約が更新された。原告は、被告の取締役の地位に留まって役員報酬を受領し、現在に至っている。

3　原告は、昭和六一年三月ころ、被告代表者の春男に対し、本件土地の賃料を西田に直接持参して支払うよう指示し、春男の指図により被告の従業員が昭和六一年分の賃料から西田に持参して支払うようになった。

4　ところが、原告と春男らとの間で、次のような経緯で紛争を生じた。

(一)　春男は、昭和五二年九月、不動産管理等を目的とするスズキ興業株式会社を設立し、昭和五三年一月台東駅前に建築した五階建ビルについて同社名義で所有権保存登記をし、さらに、昭和五四年一〇月、原告とその妻子らが出資してスズキビル株式会社を設立し、同社において、昭和五五年三月、本件土地と道路を挟んで向かい側に位置する原告所有地とその隣接土地上に四階建マンションを建築した。

春男は、昭和五一年から四回にわたって被告の増資を行い、練馬及び所沢の各営業所を新設し、前記マンションの一階でリサイクルセンターも始めた。

(二)　こうした経営方針やマンションの使用方法等をめぐって原告及びその先妻の子らとの意見が対立するよ

うになり、原告と不仲になって家を出た後妻の花子は、平成元年四月、原告に対して離婚訴訟を提起し、一方、原告は、春男及びスズキ興業株式会社を相手に前記ビルの所有権移転登記を求める訴訟を提起した。

㈢ 原告は、被告に対し、平成二年五月一四日到達の書面をもって、同年八月末日限り本件建物を返還するよう請求した上、本訴を提起したが、本件土地の賃貸借期限が満了する前日である平成三年七月一九日に被告が西田から本件土地の底地権を買い取ると、今度は、西田を相手に借地権の確認を求める訴訟を提起し、こうした事態を受けて、被告が本件反訴を提起した。

㈣ なお、花子と原告との離婚訴訟は、平成三年七月二二日、別居の継続を内容とする和解が成立したが、その中で、原告が、被告から毎月支払われている一五万円を含む二五万円を毎月の生活費として花子に支払う旨合意された。

二 争 点

1 贈与契約の成否【注3】

(被告の主張)

被告は、昭和六一年三月末日ころ、原告から、本件土地の賃借権とともに本件建物の所有権の贈与を受けた。

(原告の主張)

昭和六一年三月当時、原告と春男との関係は冷えきっており、原告が極めて高額な本件建物の所有権と本件土地の賃借権を無償で春男に譲渡するはずはなく、その書面もないし、贈与に伴う税務申告や名義書換えも行われていない。

2　賃貸借契約の成否【注3】

（被告の主張）

仮に、贈与の事実がなかったとしても、被告は、昭和二六年四月、その設立と同時に、原告から、本件土地上の旧建物を賃借するとともに、西田の暗黙の同意のもとに本件土地を転借し、本件建物新築後も同様な関係を継続して、土地賃料の一・五倍前後に相当する金員を賃料ないし転借料として原告に支払った。

（原告の主張）

被告が、昭和六〇年ころ、一時的に土地賃料を若干上回る金員を原告に持参したことはあるが、使用収益の対価とは到底認められないわずかな額（一坪当たり月額九〇九円）であり、賃貸借契約書や賃料の受領書等もない。

3　使用貸借契約の成否及びその終了の有無【注4】

（被告の主張）

仮に、賃貸借の事実がなかったとしても、被告は、その事業のために使用及び収益する目的で、原告から本件建物を無償で借り受けた。

（原告の主張）

仮に、使用賃借契約が成立したとしても、その使用貸借契約は次のとおり終了した。すなわち、

(一)　右使用貸借契約には返還時期及び使用収益の目的の定めがないところ、原告は、平成二年五月一四日、被告に対し、前記のとおり本件建物を返還するよう請求した。

(二)　仮に、被告の事業のために使用収益するという目的の定めがあったとしても、既に四〇年以上を経過し、

右の目的を達するに十分な期間が経過した。

㈢　仮に、右期間が経過していないとしても、被告は、原告の信頼を裏切る行為を繰り返し、本件建物の所有権を主張するなど信頼関係を破壊した（原告は、平成四年六月二九日、被告に対し、信頼関係の破壊を理由に、右使用貸借契約を解除する旨の意思表示をした。このことは、当事者間に争いがない。）。【注5】

第三　争点に対する判断

一　争点1（贈与契約の成否）について

1　乙第一、第二号証及び被告代表者尋問の結果中には、被告の主張に沿う部分があるが、次のような諸事情に照らすと、にわかに採用することができない。

㈠　原告は、昭和六一年三月ころ、土地賃料を西田に直接支払うよう被告代表者の春男に指示し、春男の指図により被告の従業員において昭和六一年分から平成元年分までの賃料（その金額は順次年間九七万八一二〇円、一〇六万三九二〇円、一三二万一三二〇円、一五一万〇〇八〇円）を西田に支払い（乙第三ないし第六号証の各一ないし三）、その旨の社内的な処理もしているが（乙第八号証の一、二）、平成二年分から平成三年七月一九日までの分の賃料（合計二三七万〇六一七円）は原告が西田に支払い、西田も原告宛の領収書を発行している（甲第六号証）。

㈡　被告主張の時点で本件建物の所有権とともに本件土地の賃借権が贈与されたものとすれば、土地所有者である西田に対する関係で、その承諾、賃借名義人の変更等の手続が必要になるところ、こうした手続が関係者の間で検討され、実行された形跡はなく、西田も借地人が変更したとの明確な認識は有していない（甲第一五号証）。

(三) 本件建物等の被告への贈与があったことを証する書面は作成されておらず、また、右贈与があったとすれば行われるべき所有権移転登記、税務又は会計処理等も全く行われていない。春男の母である花子も、離婚訴訟においては、本件建物が原告の所有であると主張して、その財産分与を請求していた(甲第一九、第二〇号証、弁論の全趣旨)。

(四) 本件土地の賃貸借契約は、平成二年七月に更新期を迎えたところ、原告は、被告主張の昭和六一年三月の時点以降も、引き続き、土地賃借人として右更新の実現に関心を寄せ、被告に対し本件返還請求に及んだ理由の一つとして、その更新料を支払う必要があることを挙げている(甲第一一号証の一)。

2 なお、被告は、昭和六三年に本件建物の改修工事を行い、平成三年に本件土地の周囲の万年塀も修繕したが(乙第九、第一〇号証の各一、二)、これらの従前の使用状況、原告との関係等に照らして考えると、右のような事実だけから被告主張の贈与の事実を推認することは困難である。

二 争点2(賃貸借契約の成否)について

乙第一号証及び被告代表者尋問の結果中には、被告の主張に沿う部分がある。

しかしながら、客観的な裏付けを欠くのみならず、右主張によっても、賃貸借契約の具体的な内容は不明確である。被告が、一時期、土地賃料を若干上回る金員を原告に支払ったことは窺われるが、その具体的な額は明らかでなく、原告が土地賃貸借の更新料、本件建物の固定資産税等も負担してきたことなどに照らすと、それが本件建物の使用収益の対価と評価することができるものであるかも疑問であるといわざるを得ない。したがって、被告の主張は採用することができない。

三 争点3(使用貸借契約の成否及びその終了の有無)について

1　前記第二の一1の事実及び弁論の全趣旨によれば、原告と被告との間には、本件建物につき、使用貸借契約が存在し、その返還時期の定めはなかったが、被告の営業用の事務所等として使用収益させることを目的とする定めであったものと認めるのが相当である。

2　ところで、原告は、右使用貸借契約の目的を達するのに十分な期間を経過した旨及び信頼関係の破壊を理由に右使用貸借契約を解除した旨主張する。そして、確かに、原告は、本件土地の賃料を負担しつつ、被告には本件建物を無償使用させ、その期間も、右建物の建築所有時から本件口頭弁論終結時までに三五年近くを経過しており、原告と春男個人との間には前記の経緯で相当深刻な確執を生じ、被告が反訴において本件建物の所有権を主張するに至っている。

しかしながら、原告は、被告の創業者であり、かつ、後事を託した春男の父として、被告の営業継続に資するため、右のような使用貸借契約をしてきたものであり、現に、被告の取締役の地位にあって、被告から役員報酬を受領している。被告もまた、春男とは別人格を有する会社として、本件建物を営業の拠点としている。原告が本訴を提起したのは、妻花子から離婚訴訟を提起された後であり、実質的には、その対抗措置とみられないこともない。

こうしてみると、前記のような事情があるからといって、直ちに、原告と被告との使用貸借契約において、民法五九七条二項但書にいう使用及び収益をするに足りるべき期間が経過したとか、あるいは、当事者間の信頼関係が破壊されたとまで断定することはできない。

第四　結　論

以上によれば、本件建物は現に原告の所有に属し、かつ、被告がこれにつき使用貸借契約上の借主の権利を有するものというべきである。

よって、原告の本訴請求及び被告の反訴請求は、いずれも理由がない。

東京地方裁判所民事第○○部

裁判官　○　○　○　○

物件目録（省略）

【注1】株式会社の監査等に関する商法の特例に関する法律二四条、二五条参照

【注2】「事案の要旨」欄において、訴訟物を明示し、事件の類型・特色を説明し、争点の位置付けを明らかにしている（本文第三の三2参照）。

【注3】主張当事者を明示し、争点を概括的に記載した上、当事者双方の主張を対比して簡潔に記載することにより、争点の所在を明らかかしている。なお、主張立証責任を負う当事者の主張を先に記載している（本文第四の二2参照）。

【注4】本訴抗弁（使用貸借契約、使用収益の目的の定め）、本訴抗弁に対する原告の主張、本訴再抗弁（①主位的に、使用収益するに足りるべき期間の経過、②予備的に、信頼関係の破壊を理由とする解除）について、争点を使用貸借契約の成否及びその終了の有無として、主張当事者、その具体的な主張内容を記載し、主張相互の関係を明らかにしている（本文第四の二2参照）。

【注5】主要な争点を形成する一群の主要事実の一部に争いがない場合に、分りやすさという観点から、「争いのない事実」欄にその事実を記載しないで、「争点」欄にその事実を記載し、争いがない旨を記載している。なお、この争点が認められるときは、「争点に対する判断」欄にその事実を記載し、争いがない旨記載する

ことも考えられる（本文第三の四7、第四の二3参照）。

【参考判決二】

平成元年(ワ)第四三二〇号工事代金請求事件

判　　決

東京都中央区江原三丁目四番五号

原　告　株式会社江原
右代表者代表取締役　岡野和久
右訴訟代理人弁護士　大野景介

千葉市美浜区阿部七丁目四番一五号

被　告　阿部工業株式会社
右代表者代表取締役　園田剛
右訴訟代理人弁護士　西田浩昭

主　　文

一　被告は、原告に対し、金一五一一万円及びこれに対する昭和六三年一二月一日から支払済みまで年六分の割合による金員を支払え。
二　原告のその余の請求を棄却する。
三　訴訟費用は、これを五分し、その二を原告の、その余を被告の各負担とする。

四　この判決は、第一項に限り、仮に執行することができる。

事　実　及　び　理　由

第一　請　求

被告は、原告に対し、金二六七一万〇二六六円及びこれに対する昭和六三年一二月一日から支払済みまで年六分の割合による金員を支払え。

第二　事案の概要

一　本件は、原告が、被告から請け負った店舗内装工事について、被告に対し、その本体工事及び追加工事の合計代金七一七一万〇二二六円のうち残代金二六七一万〇二二六円の支払を請求した事案である。【注1】

二　前提となる事実（証拠を掲げた部分以外は、当事者間に争いがない。）

1　原告は、店舗の新装と改造請負等を目的とする株式会社であり、被告は、室内装飾並びに改造等を目的とする株式会社である。

2　原告は、昭和六三年（以下の月日は特記しない限り同年である。）六月中に、被告から、ＪＲ千葉駅ビル内の筒井スポーツ店、ブティック裕店及び橋本クラブ店の各店舗内装工事（以下「本体工事」という。）をそれぞれ請け負い（ただし、代金の約定については後記のとおり争いがある。【注2】）、七月五日までに、本体工事を一応完成して被告に引き渡した。

なお、本体工事は、いずれも被告が元請負人の株式会社ナガテツ（以下「ナガテツ」という。）から下請けした工事を原告に孫請けさせたものであった。また、右駅ビル内の全店舗は七月八日に一斉にオープンすることになっていた。

3　原告は、被告から、本体工事には含まれていなかった追加工事（以下「本件追加工事」というが、その対象については後記のとおり争いがある。【注2】）を、それぞれ、代金については後日協議して決定するという約定で請け負い、八月末頃までに、本件追加工事を完成して被告に引き渡したが、右代金の協議が調わない（証人青山修一、村上辰司）。

4　原告は、本体工事及び本件追加工事の合計代金が七一七一万〇二二六円であり、被告から工事代金として四五〇〇万円の支払を受けたが、なお二六七一万〇二二六円の残代金があるとして、被告に対し、一一月末日、右残代金を支払うよう催告した。

二　争　点

1　本体工事の代金額はいくらと合意されたか。

(一)　原告の主張

本件請負契約においては、いずれも代金は後日協議して決定するという約定であったところ、協議が調わないので、右各代金は客観的に相当な額とすべきところ、それは、筒井スポーツ店分が四三三二万三三五三一円、ブティック裕店分が六五二万七三八〇円、橋本クラブ店分が一二四六万八八〇三円である（計六二三一万九七一四円）。

(二)　被告の主張

代金は、本件請負契約において、筒井スポーツ店分が三三〇〇万円、ブティック裕店分が六五〇万円、橋本クラブ店分が一〇三〇万円と合意された（計四九八〇万円）。

2　本件追加工事の対象及び代金額

㈠　原告の主張

本件追加工事の対象及び代金額は、原告作成の昭和六三年六月六日付け見積書（甲第一三号証の二ないし五）に記載されたとおりであり、筒井スポーツ店分が五七二万五七五三円、ブティック裕店分が六〇万二一八三円、橋本クラブ店分が三〇六万二五七六円である（合計九三九万〇五一二円）。

㈡　被告の主張

原告主張の見積書に掲げられた各工事のうち、追加工事というべきものはごく一部だけであり、その余は本体工事に含まれるか本体工事の手直しにすぎない。

3　相殺の自働債権としての工事遅延による損害賠償債権

被告は、原告に対し、平成三年一二月一〇日の本件口頭弁論期日において、次の損害賠償請求権をもって、原告の本訴請求権と対当額で相殺する旨の意思表示をした。

㈠　被告の主張

橋本クラブ店の本体工事については、工期の六月末日までに一応完成したものの、瑕疵があって修補を要した。右修補の工事は、一応実施されたが、右工期から大幅に遅延し、前記オープンにも間に合わず、その修補は、九月にまでずれ込んだ。この工事遅延のため、ナガテツは、橋本クラブ店分の施主の信用を失って、その施主から請け負う予定になっていた別の工事を請け負わせてもらえなくなった。被告は、ナガテツから請負代金のうち六九五万円を減額することを求められ、これに応ずるほかなくなり、右同額の損害を受けた。

㈡　原告の主張

原告は、被告から、本体工事及び本件追加工事について、ナガテツの指示に全面的に従うようにいわれており、ナガテツから被告を通じて交付された図面のとおりに工事を完成した。したがって、少なくとも原告に修補義務がある瑕疵はない。そうでないとしても、いずれにせよ被告主張の瑕疵を修補し、その修補も右各店舗の営業時間外にするなどして、右営業に何ら支障は生じさせなかったのであるから、右修補のため工事完成が工期から遅れたにしても、施主に特に損害は生じておらず、したがって、右遅延と被告主張の損害との間には相当因果関係がない。

第三　争点に対する判断

一　争点1及び2について

1　甲第一号証、第三ないし八号証、第九号証の一、六、第一〇号証、乙第一号証、第二一ないし二三号証、証人青山修一、村上辰司の証言によれば、以下の事実が認められる。

(一)　被告は、ナガテツとの間で、最終的には六月一三日、筒井スポーツ店分につき代金四〇〇〇万円・工期同月三〇日までの約定で、ブティック裕店分につき代金九八〇万円・工期同月二五日までの約定で、橋本クラブ店分につき代金一二〇〇万円・工期同月二五日までの約定でそれぞれ請け負う契約を締結した上、原告に対し、同月一八日、筒井スポーツ店分につき代金三三〇〇万円・工期同月三〇日までとする注文書を、ブティック裕店分につき代金六五〇万円・工期同月二五日までとする注文書を、橋本クラブ店分につき代金一〇三〇万円・工期同月二五日までとする注文書をそれぞれ送付した。

(二)　ところで、右のようにナガテツと被告との間で最終的に請負契約が締結される前に、原告は、被告から全面的に孫請けする前提で、被告に対し右三店分につきそれぞれ見積書を提出していたが、それは、被告の求めに応じ、そのまま被告のナガテツに対する見積書として使えるよう、被告の用紙に記載し、見積金額についても被告の利益分として一五パーセントの上乗せをしたものであり、例えば見積金額を一〇〇〇万円とする見積書では、その八五パーセントの八五〇万円が原告の被告に対する見積金額を意味するものであり、筒井スポーツ店分が五〇〇〇万円程度、ブティック裕店分が一〇〇〇万円程度、橋本クラブ店分が一五〇〇万円程度であった。もっとも、ブティック裕店分の右額は、かなりの工事の縮小変更がある以前のものであった。被告は、これらの見積金額をも参考にしてナガテツとの間で代金を決めた。なお、筒井スポーツ店分については、被告が、原告から五〇〇〇万円程度の見積書の提出を受けた後の六月八日、原告に対し、金額を三四〇〇万円弱と記載した工事明細書を送付していた。

(三) 右各注文書に対し、原告は、筒井スポーツ店分につき四〇〇万円を、ブティック裕店分につき三〇万円を、橋本クラブ店分につき三〇〇万円をそれぞれ増額してほしいと要望したが、被告は、これを承諾せず、右要望については後日協議することとしてとにかく工事を進めてほしいと要請した。右各注文書には「この注文をお引き受けの際は記入要件承諾の上折り返し五日以内に注文請書を送付下さい」と記載されていたが、原告としては、工期が迫っていたこともあって、右要請に応じ、注文請書を提出せず、請負契約書も交わさないまま、工事を進めて、六月末日までに右三店分の各工事を一応完成させた。なお、右各工事の工期についてはいずれも、そのころまでに、ナガテツと被告との間でも、また被告と原告との間でも、六月末日までということで合意されていた。

2 右認定事実によれば、本件の各本体工事請負契約においてはいずれも、代金は、確定されず、後日協議して決定するという約定であったといえる。右各注文書のとおりの代金額とすることで合意が成立したという大山証言は、そもそも、具体的にいつどのように合意が成立したのか明確でないばかりか、前記のとおり注文請書も提出されていないことに照らし、採用することができない。そして、右のような約定は、協議が調わないときは工事の内容に相応する合理的な金額を支払うとする約定を含むものというべきところ、右協議が調わないことは弁論の全趣旨により明らかである。

3　ところで、本件追加工事の請負契約においても右同様の約定であったことは前記のとおりであり、証人青山修一及び同村上辰司の各証言によれば、原告が本件で最終的に完成した各店舗内装工事の結果は、その全部が被告の注文に基づくものであったと認められる。

そうすると、本体工事及び本件追加工事の代金相当額を認定判断するに当たっては、本体工事と本件追加工事の各代金相当額を明確に区別することなく、右にいう各工事の結果に相応する合理的金額を確定することをもって足りるというべきである。

4　そこで、右にいう合理的金額を検討するに、本件全証拠によっても、この額を算定するだけの的確な資料はないが、甲第一四、一五号証、前示証人青山及び同村上の各証言によれば、次の事実が認められる。

(一)　原告と被告とは、一〇月から一一月にかけて、本件の代金額について話し合いを継続して持ったが、協議が調わなかった。その際、被告側は、本体工事については、契約金額は筒井スポーツ店分が三三〇〇万円、ブティック裕店分が六五〇万円、橋本クラブ店が一〇三〇万円であることを前提にした上、筒井スポーツ店分につき前記要望額四〇〇〇万円の半分の二〇〇万円を、橋本クラブ店分につき前記要望額三〇〇万円の半分の一五〇万円をそれぞれ加算し、追加工事については、筒井スポーツ店分を三六五万円、ブティック裕店分を六〇万円、橋本クラブ店分を二五六万円として、以上の合算により六〇一一万円を算出し、ナガテツから瑕疵及び遅延を理由に減額されたので、六〇一一万円のうち四七一六万円しか支払わないとの態度を示した。

(二) これに対し、原告側は、支払額が四七一六万円というのでは応じられないとしたが、被告側の算出した本体工事の前記代金額それ自体については右額でもやむを得ないという考えであった。そして、被告側の算出した追加工事に関する前記代金額については、原告側は不満ではあったものの、材料の仕入先にその価格を確認しながら前掲甲第一三号証の二ないし五の見積書を逐一検討した結果として算出された額であった。

前記1に認定した経過及び右事情を総合的に斟酌すると、原告と被告との間で本体工事と本件追加工事の代金額の協議が調わないのは、主として被告がナガテツから瑕疵及び遅延を理由として減額された分についてどのように精算すべきかの意見の対立があるためで、本体工事と本件追加工事の内容に相応する合理的な代金額は、筒井スポーツ店分が三八六五万円(三三〇〇万円と二〇〇万円と三六五万円との合算額)、ブティック裕店分が七一〇万円(六五〇万円と六〇万円との合算額)、橋本クラブ店分が一四三六万円(一〇三〇万円と一五〇万円と二五六万円との合算額)と認めるのが相当である(合計六〇一一万円)。

二 争点3について

1 乙第三ないし六号証、第七号証の一、二、第八ないし二〇号証、前掲証人青山及び同村上の各証言によれば、橋本クラブ店分の修補が完了したのは、八月末頃で、前記の工期(六月末日)からは遅れたが、右修補は、右店舗の営業時間外にされ、右営業には特に支障を生じさせず、右店舗は前記七月八日から通常の営業を開始して継続することができたことが認められる。そして、被告主張の修補の遅延により施主に具体的な損害を生じさせたことを認めるに足りる的確な証拠はない。

2　そうすると、被告が、その主張のごとくナガテツから代金の減額を要求されたにしても、原告の修補の遅延があったために右要求に応じなければならなくなったということはできない。他に、本件全証拠を検討してみても、被告がナガテツから代金を減額されたことと原告の右遅延との間に相当因果関係があると認めるに足りる的確な証拠はないから、結局、被告の抗弁は、その余について検討するまでもなく失当である。

三　以上の次第で、本件については、なお一五一一万円（前記相当額の計六〇一一万円から既払額の四五〇〇万円を控除した額）の残金があるものといえる。

よって、主文のとおり判決する。

東　京　地　方　裁　判　所　民　事　第　〇　〇　部

裁　判　官　〇　〇　〇　〇

【注1】　事案の要旨を記載しなくても、「前提となる事実」欄の4で訴訟物等が明らかであるといえるが、冒頭にこれを掲記することによって、事案を一層把握しやすくしている（本文第三の三2参照）。

【注2】　本件におけるように、契約内容の一部のみに争いがあるような場合においては、このような注記を利用することによって、大部分の事実を争いのない事実として「前提となる事実」欄に記載することができるようになり、また、争点との関係を理解しやすくなる。

【参考判決三】

昭和六二年(ワ)第一二三四五号損害賠償請求事件

判　　決

東京都北区坂下三丁目五六番一〇号

原告兼亡田中恵美子訴訟承継人　田　中　明　男

同所

同　　田　中　政　二

右両名訴訟代理人弁護士　甲　野　太　郎

東京都板橋区長沢九丁目五番二号

被　　告　医療法人社団和光会

右代表者理事長　鈴　木　　隆

埼玉県川口市本町四丁目三番二号

被　　告　川　島　武　郎

右両名訴訟代理人弁護士　乙　野　次　郎

主　　文

一　原告らの請求をいずれも棄却する。

二　訴訟費用は原告らの負担とする。

事実及び理由

第一　請　求

一　被告らは、原告田中明男に対し、各自金二八五六万〇五〇〇円及びこれに対する昭和六一年六月二一日から支払済みまで年五分の割合による金員を支払え。

二　被告らは、原告田中政二に対し、各自金二五五〇万円及びこれに対する昭和六一年六月二一日から支払済みまで年五分の割合による金員を支払え。

第二　事案の概要

一　本件は、亡田中康彦（以下「康彦」という。）が被告医療法人社団和光会（以下「被告和光会」という。）の開設する長沢病院に入院中に心筋梗塞で死亡したことについて、原告両名が、被告和光会に対しては診療契約上の債務不履行又は不法行為（使用者責任）を、担当医であった被告川島武郎（以下「被告川島」という。）に対しては不法行為をそれぞれ原因として損害賠償を請求したものであり、原告両名が主張する損害の内訳は次のとおりである。【注1】

1　康彦の慰藉料　二〇〇〇万円（原告両名の相続分各一〇〇〇万円）

2　田中恵美子の固有慰藉料　一〇〇〇万円（原告両名の相続分各五〇〇万円）

3　原告両名の固有慰藉料　各八〇〇万円

4　原告田中明男が負担した葬儀費用　三〇六万〇五〇〇円

5　弁護士費用　各二五〇万円

二　争いのない事実【注2】

1　原告田中明男（以下「原告明男」という。）及び同田中政二（以下「原告政二」という。）は、康彦の実子であり、田中恵美子（以下「恵美子」という。）は、康彦の妻であり、原告両名の母であった。

康彦（大正六年一一月一七日生）は、昭和六一年六月二一日死亡し、その権利義務を恵美子が二分の一、原告両名が各四分の一ずつの割合で相続により承継した。恵美子は平成元年二月九日死亡し、その権利義務を原告両名が各二分の一ずつの割合で相続により承継した。

2　被告和光会は、東京都板橋区長沢九丁目五番二号において長沢病院を開設・経営している医療法人であり、被告川島は、被告和光会に雇用され、右病院において診療に従事している医師である。

3　康彦は、昭和四八年二月一三日、急性前壁中隔心筋梗塞（以下「第一回目の心筋梗塞」という。）の発作を起こし、当時被告川島が開設していた診療所において被告川島の診察を受け、以後定期的に被告川島の診察を受けるようになり、被告川島が長沢病院に移ってからも月一回位の割合でその診察を受けていた。

4　康彦は、急性下壁心筋梗塞（以下「第二回目の心筋梗塞」という。）の発作を起こし、昭和六一年六月一七日、長沢病院において、被告川島の診察を受けて同病院に入院し、被告和光会と右心筋梗塞を治療することを目的とする診療契約（以下「本件診療契約」という。）を締結した。被告和光会は、主治医である被告川島を初めとする医師及び看護婦を履行補助者として、康彦の診療に当たらせた。

5　入院後、直ちに心電図モニターによる監視が開始されたが、同月二〇日午後一二時ころ、右モニターによる監視は中止された。

6　康彦は、同月二一日、三回目の心筋梗塞（以下「本件発作」という。）を発症し、同日午後六時一七分死亡した。

原告両名は、次の被告和光会の債務不履行若しくは不法行為又は被告川島の不法行為によって康彦が死亡するに至ったと主張している。

三　争点【注3】

1　転医勧告義務違反

被告川島は、昭和六一年六月一七日康彦が長沢病院に入院した際、康彦が再び心筋梗塞を発症する可能性が高く、その場合は死亡する危険が大きいこと、心筋梗塞発症の予防又は治療は、ＰＴＣＡ（経皮的冠動脈形成術）、ＣＡＢＧ（外科的冠動脈バイパス術）及びＩＡＢＰ（バルーンパンピング法）を施すことができるＣＣＵ施設（冠動脈系心臓疾患集中治療室）を備えた医療機関においてすべきところ、長沢病院にはＣＣＵ施設がなく、康彦が再び心筋梗塞を発症してから同人をＣＣＵ施設を備えた医療機関に転医させることは転医に要する時間及び同人の身体的負担からして困難であることを認識していたから、被告らとしては、康彦が長沢病院に入院する際、康彦に対し、ＣＣＵ施設を備えた医療機関に転医するよう勧告すべき義務があったのにこれを怠り、長沢病院に入院させた。

2　再発予防の懈怠

被告川島は、昭和六一年六月一七日康彦が長沢病院に入院した際、康彦が再び心筋梗塞を発症する可能性が高く、その場合は死亡する危険が大きいことを認識していたから、康彦が心筋梗塞を発症することを予防するため、抗凝固療法、抗血小板療法等の血栓予防方法、ＰＴＣＡ、ＣＡＢＧ等の末梢への血流維持方法を施すべき義務があったのにこれを怠り、これらの治療行為を行わなかった。

3　心電図モニターの中止

被告川島は、昭和六一年六月一七日康彦が長沢病院に入院した際、康彦が再び心筋梗塞を発症する可能性が高く、その場合は死亡する危険が大きいことを認識していたから、康彦の心筋梗塞の発症を早期かつ確実に発見できる心電図モニターによる監視を継続して実施すべき義務があったのにこれを怠り、昭和六一年六月二〇日午後零時以降心電図モニターによる監視を取りやめて継続しなかったため、康彦の本件発作の発症の診断が遅れた。

第三　争点に対する判断

一　康彦の入院治療の経過について、争いのない事実と証拠（甲二、三の1ないし8、乙一、証人吉川好子、被告川島本人、鑑定の結果）により認められる事実は、次のとおりである。【注4】

1　康彦は、昭和六一年六月一七日、長沢病院を外来で受診し、被告川島の診察を受けたが、その際、同月一五日午前五時ころ、胸部圧迫感が出現し、更に、同月一六日午前五時一〇分ころ、前胸部圧迫感が現れたので、同日午前六時一〇分ころ、ニトロール（ニトログリセリン）を服用したところ前胸部圧迫感は治まったが、同日午前一二時ころには口の苦さが出現し、食欲がない旨訴えた。

2　康彦は、長期間にわたり高血圧症や糖尿病を患い、昭和四八年二月一三日には第一回目の心筋梗塞（前壁中隔）を起こし、今回第二回目の心筋梗塞（下壁）を起こした上、軽度の心不全状態が潜在していたので、一般的には三回目の心筋梗塞の発作が起こる可能性が高く、その場合には心不全状態が悪化し、急死に至るおそれが大きい状態であり、被告川島も右のような康彦の状態を認識していた。しかし、康彦が必ず三回目の発作を起こすのか否か、また具体的にいつごろ起こすのかについては何人も予測不可能な状況であった。

3　康彦は、入院後直ちに心電図モニターにより監視されるようになり、ほぼ毎日一回十二誘導心電図検査を受け、冠動脈の血栓溶解作用を有するウロキナーゼを定期的に投与された。康彦の状態は入院後から昭和六一年六月二〇日夜までは落ち着いていたもので、その間、胸痛発作はなく、不整脈も一度出現してすぐ消失したことがあったのみで他に出現したことがなく、意識は明瞭で顔色も良く、血圧も正常に維持されて食欲もあった。そのため、被告川島は、このままいけば症状は落ち着くと考え、同日午後零時ころ、心電図モニターによる監視を中止した。

4　康彦は、同月二一日午前二時二五分ころ、当直看護婦を呼んで胸痛を訴えたので、当直看護婦はニトログリセリン一錠を舌下投与した。康彦は、同日午前四時三〇分ころ、再び背部痛及び胸痛がある旨を訴えたので、当直看護婦は、被告川島による事前の指示に従い、アトモルヒネ一ミリリットルの注射をした。当直看護婦は、同日午前五時五五分ころ、康彦から右注射後も痛みが余り変わらないと訴えられたが、血圧は正常であり、不整脈もなかったので、再度アトモルヒネ二分の一ミリリットルを康彦に注射した。当直看護婦は、同日午前七時ころ、康彦から胸苦が治まらないと訴えられ、注射の効果がないと判断して院長の鈴木隆に連絡をした。

5　康彦は、同日午前八時ころ、顔色不良であったが胸痛が消失して、浅眠中という状態になっていた。鈴木院長の指示により、同日午前八時一〇分ころ、心筋梗塞の発作が起きたか否かを確認するための採血・検査が行われた。

康彦は、午前八時三〇分ころになると、心拍数一三六、爪甲色チアノーゼ状態となり、全身に冷や汗をかき、食欲もなく、一般状態不良で心不全徴候が見られたため、酸素吸入及び心電図モニターによる監視が開始され、かつ、十二誘導心電図検査が行われた。

康彦は、同日午前九時ころ、意識ははっきりしているものの、全身冷や汗をかき、チアノーゼも見られるなど、一般状態が悪化し、心不全状態が進行しつつあったもので、このころ、血管確保の目的で点滴が実施された。康彦は、午前九時三〇分ころには、胸部の重苦しい感じがやや落ち着き、呼吸も規則的であったが、不整脈が顕著となり、爪甲色及び口唇色ともに不良であって、四肢に軽度の冷感がある状態であった。康彦は、その後も食欲がなく、昼食を食べないで嘔吐をする有様であり、また、朝から排尿がなかったため同日午後二時ころには利尿剤が投与された。

6 被告川島は、同日午後二時三〇分ころ、康彦を診察したところ、同人は心不全状態が起きている状況であると判断したが、その原因については肺梗塞によるものか心筋梗塞によるものかを確定することができなかった。被告川島は、康彦に心不全状態が強く出ていたため、強心剤等を投与するなど心不全に対処するための治療を行った。

7 康彦は、同日午後六時五分ころ、心電図の波形が急変し、顔面蒼白になって意識を失った。看護婦及び被告川島は、心臓マッサージ及び心臓内ボスミン注射をするなどしたが、康彦は、同日六時一七分、心臓及び呼吸が停止し、瞳孔反応もなくなって死亡した。

二 前項で認定した事実を前提として、本件の各争点について判断する。

1 争点1（転医勧告義務違反）について

前記認定のとおり、一般的には、心筋梗塞の既往症を有する者は再発率が高く、康彦のように過去二回心筋梗塞を起している場合にはその再発率は更に高く、三回目の心筋梗塞が発症した場合康彦が急死する可能性が高かったところ、証拠（被告川島本人、鑑定の結果）によれば、ＣＣＵ施設を備えている医療機関であれば、心筋梗塞の予防措置ないし治療措置のうち、前記ＰＴＣＡ、ＣＡＢＧ、ＩＡＢＰを行うことができるのに反し、長沢病院においてはこれらの措置をすることができなかったことも認められる。

しかし、前記認定のとおり、心筋梗塞の発作が二回起こったからといって必ず三回目が起こるというわけではなく、心筋梗塞が再発するか否か、その具体的時期を予見することは不可能であり、被告川島は、入院時に康彦を診断した際、同人に三回目の発作が起きた場合には心不全状態が悪化して急死するおそれが大きいことを推測していたが、具体的にいつごろ次の発作が起こるのかを予見していたわけではなく、しかも、入院の時点において康彦の意識が明瞭で顔色が良く、血圧は正常であり、胸内苦悶を訴えることもなく、不整脈や心不全状態などがなかったことから、このまま いけば症状は落ち着くと考えていたものである。また、右証拠によると、康彦について、心筋梗塞が再発するか否か、その具体的時期を予見することはＣＣＵ施設を備えている医療機関であっても不可能であり、ＣＣＵ施設を備えた医療機関であっても心筋梗塞の予防措置を取りえなかった可能性が大きいこと、康彦が過去に二回心筋梗塞の発作を起しており、梗塞が広範囲に及んでいると推測される上、当時は第二回目の心筋梗塞発症直後の急性期に当たることからしてＰＴＣＡやＣＡＢＧを施行することは極めて危険であり、右のような医療機関であっても康彦の死亡の結果を防ぐことはほとんど不可能であったことが認められる。

以上の事実からすると、被告らが、康彦の入院時に、同人に対しＣＣＵの施設を有する医療機関への転医を積極的に勧告しなければならない理由はなかったというべきであるから、被告らに右転医勧告義務があったとはいえない。したがって、原告らのこの点についての主張は理由がない。

2　争点2（再発予防の懈怠）について

前記認定のとおり、被告らは、康彦の入院後、冠動脈の血栓溶解作用を有するウキロナーゼを定期的に投与し、血栓の予防措置を講じており、また、康彦は、入院時点から昭和六一年六月二〇日ころまでの間は不整脈や心不全状態などがなく落ち着いた状況であったものである。また証拠（被告川島本人、鑑定の結果）によると、当時の医療水準のもとで摂りうる最先端の血栓予防処置としては、被告ら主張のＰＴＣＡ（バルーン式カテーテルで当該部位を拡張させる方法）、ＣＡＢＧ（外科的冠動脈バイパス手術）が存したが、本件では、康彦が第二回目の心筋梗塞発症直後の急性期であり、しかも心筋梗塞の範囲が拡大した状態で心臓のポンプ機能がかなり低下していたと推測されるため、右各処置を摂ることは極めて危険性が高かったことが認められる。

右事実によると、被告らは、康彦の入院後、血栓の予防措置を講じており、この点で原告ら主張の義務違反があったとはいえず、また、被告らについて、落ち着いた状況にある康彦に対し、あえて危険性の高いＰＴＣＡやＣＡＢＧを施行すべき義務があったともいえない。したがって、原告らの前記主張は理由がない。

3　争点3（心電図モニターの中止）について

前記認定のとおり、康彦の入院後の状態は同日夜までは落ち着いており、その間胸痛発作はなく、不整脈も出現してすぐに消失したことが一回あるのみで他にはなく、血圧も正常に維持されており、心電図モニターによる監視が中止されていた期間は同日午前零時ころから同月二一日午前八時三〇分ころまでの約二〇時間程度であるが、右期間中康彦について不整脈が発生したことはなく、心電図モニターによる監視が再開されて約一時間経過した同月二一日午前九時三〇分ころになって不整脈の発生が確認されたものである。また証拠（被告川島本人、鑑定の結果）によると、心電図モニターによる監視は、不整脈の発見を主たる目的とするものであって、十二誘導心電図の検査とは異なり、心筋梗塞の発症を示す波形の変化が現れない場合があり、心筋梗塞の発症そのもの又はその発症部位を確定的に診断する能力は低いこと、不整脈の発見のためには心電図モニターが唯一の方法ではなく、血圧や脈拍を測定する際にもこれを発見することが可能であることが認められる。

以上の事実によると、心電図モニターによる監視を継続していたとしても同月二一日午前九時三〇分以前に不整脈の発生を確認することができたとは認められず、したがって、被告らについて、心電図モニターによる監視を中止したことにより、康彦の本件発作の発症の診断が遅れたということはできないから、この点での原告らの主張も理由がない。

東京地方裁判所民事第〇〇部

裁判長裁判官　〇〇〇〇〇

裁判官　〇〇〇〇〇

裁判官　〇〇〇〇〇

【注1】原告両名が請求しているそれぞれの損害項目とその額を簡潔に記載し、原告両名が請求の趣旨として掲げる金額の算定の根拠を明らかにしている（本文第四の二1）。

【注2】治療経過についての争いのない事実を「争点」の記載が一読して理解しうる程度に摘示している。

【注3】本件の中心的争点は被告らの義務違反についての原告主張事実の存否にあるから、「争点」欄には右主張事実を摘示している。

【注4】　争いのない事実がどの部分であるかは、既に「争いのない事実」欄で特定されているので、証拠によって認定される事実と争いのない事実とを一括して記載している。

【参考判決四】

昭和六二年(ワ)第一一二九一号建物収去土地明渡等請求事件

平成四年(ワ)第三四四号建物収去土地明渡請求事件

判　決

神奈川県横須賀市池上四丁目一三番一六号

原　告　小泉克和

東京都新宿区西早稲田三丁目二九番一二号

原　告　小泉孝子

原告ら訴訟代理人弁護士　上田久一

東京都新宿区高田馬場二丁目四番二二号

被　告　山形かね

東京都新宿区西早稲田三丁目二九番六号

被　告　株式会社ヤマガタ企画

右代表者代表取締役　山形ふさ子

右被告ら訴訟代理人弁護士　笹野桂一

東京都文京区目白台二丁目九番一五号一〇〇四

被告　山形ふさ子
右訴訟代理人弁護士　小田　博

主　文

1　被告山形かねは、原告らに対し、別紙物件目録二記載の建物を収去して、同目録一記載の土地を明け渡し、かつ、一八二万二三九四円及び昭和六二年二月二〇日以降右土地の明渡済みに至るまで一か月当たり四万五〇〇〇円の割合による金員を支払え。

2　被告株式会社ヤマガタ企画は、原告らに対し、別紙物件目録二記載の建物の一階部分及び二階部分から退去して、同目録一記載の土地を明け渡せ。

3　被告山形ふさ子は、原告らに対し、別紙物件目録二記載の建物を収去して、同目録一記載の土地を明け渡し、かつ、平成四年一月二三日以降右土地の明渡済みに至るまで一か月当たり四万五〇〇〇円の割合による金員を支払え。

4　原告らのその余の請求を棄却する。

5　訴訟費用は被告らの負担とする。

事実及び理由

第一　請求

原告らは、別紙物件目録一記載の土地（以下「本件土地」という。）の所有者で賃貸人である原告らが、転貸又は賃借権の譲渡を理由として昭和六〇年九月一五日に賃貸借契約を解除した（第一次的主張）とし、あるいは賃料の不払いを理由として昭和六二年二月一九日に賃貸借契約を解除した（第二次的主張）として、賃借人の被告山形かねに対して、本件土地の上に存する同目録二記載の建物（以下「本件建物」という。）を収去して本件土地を明け渡し（賃貸借契約の終了による原状回復請求）、かつ、昭和五八年六月一日以降解除の日までの間の一か月当たり四万〇七八九円の割合による賃料及び解除の日の翌日以降本件土地の明渡済みに至るまでの間の一か月当たり四万五〇〇〇円の割合による賃料相当額の遅延損害金を支払うことを求め、本件建物の一階部分及び二階部分を占有している被告株式会社ヤマガタ企画（以下「被告会社」という。）に対して、右建物部分から退去して本件土地を明け渡すこと（本件土地の所有権に基づく返還請求）を求め、また、被告山形ふさ子に対して、同被告がその後本件建物の贈与を受けたとして、本件建物を収去して本件土地を明け渡し、かつ、同被告が本件建物の贈与を受けた後である平成四年一月二三日以降本件土地の明渡済みに至るまでの間の一か月当たり四万五〇〇〇円の割合による賃料相当額の損害金を支払うこと（本件土地の所有権に基づく返還請求及び損害賠償請求）を求めるものである。【注1】

第二　事案の概要

一　当事者間に争いのない事実

1　原告らの父小泉七郎は、昭和三七年八月一日、被告山形かねの夫であった山形安彦との間において、小泉七郎所有の本件土地について、小泉七郎を賃貸人、山形安彦を貸借人とし、賃借人が毎月末日限り支払うべき当月分の賃料の支払を三か月分以上滞ったとき、又は本件土地の賃借権を譲渡し、若しくは本件土地を転貸したときは、賃貸人はなんらの通知又は催告をすることなく賃貸借契約を解除することができるとの特約で、普通建物所有を目的とする賃貸借契約（以下「本件賃貸借契約」という。）を締結した。

そして、山形安彦は、本件賃貸借契約締結時以降、本件土地上に本件建物を所有していたが、昭和五四年二月二六日に死亡し、被告山形かねは、その唯一の相続人として、本件建物とともに本件土地の賃借権を相続によって承継した。

他方、小泉七郎は、昭和六二年九月一六日に死亡し、原告らは、その相続人として、本件土地の所有権を二分の一あての割合で承継した。

2　ところで、本件建物については、昭和五八年六月二七日に日本相互住宅株式会社（以下「日本相互住宅」という。）のために同月二五日売買を原因とする所有権移転登記がされていたが、被告山形かねは、右所有権移転登記が自らの意思に基づくものではないとして、同年九月一日に日本相互住宅を被告として東京地方裁判所に右所有権移転登記の抹消登記を求める訴えを提起し、第一審においては敗訴したものの、昭和六二年五月二二日、控訴審である東京高等裁判所において裁判上の和解をし、これに基づいて同年六月二二日に日本相互住宅のためにされた右所有権移転登記の抹消登記がされた。

また、昭和五八年六月当時における本件土地の約定賃料は、一か月当たり四万〇七八九円であったが、被告山形かねは、同月一日以降の賃料については、賃貸人が賃貸借契約の終了を主張し、あらかじめ受領を拒絶していることを供託事由として、昭和五八年八月一六日に同年六月一日から同年八月末日までの間の賃料合計一二万二三六七円を東京法務局に弁済供託をしたのを始めとして、その後の賃料を同法務局に弁済供託をした。

3　小泉七郎は、被告山形かねに対して、この間の昭和六〇年九月一五日に到達した書面によって、本件土地の転貸又は賃借権の譲渡を理由として本件賃貸借契約を解除する旨の意思表示をし、また、昭和六二年二月一九日に到達した書面によって、賃料の不払いを理由として本件賃貸借契約を解除する旨の意思表示をした。

4 ところで、本件建物については、その後の平成二年一一月二〇日に被告山形ふさ子のために同年一〇月三一日贈与を原因とする所有権移転登記がされている。

5 被告会社は、本件建物の一階部分及び二階部分を占有している。

二 争点【注2】

1 本件土地の転貸又は賃借権の譲渡

(一) 原告ら

被告山形かねは、昭和五八年六月二五日、本件建物を日本相互住宅に売り渡すとともに、本件土地を日本相互住宅に転貸し、又はその賃借権を譲渡した。

(二) 被告山形かね及び被告会社

本件建物について日本相互住宅のために前記のような所有権移転登記がされたのは、次のような事情によるものであり、被告山形かねが本件土地を日本相互住宅に転貸し、又はその賃借権を譲渡したことはない。

すなわち、被告会社は、当時、被告山形かねの五男の山形伍郎が代表取締役として本件建物において営業を行っており、昭和五八年六月頃、資金繰りに窮して日本相互住宅から融資を受けていたが、日本相互住宅は、被告会社を倒産させて本件建物や本件土地の賃借権を取得することを企て、担保権を設定するためと称して本件建物の登記済証、被告山形かねの印鑑登録証明書、同被告作成名義の委任状等を入手するや、被告会社に対する融資を途中で打ち切って被告会社を事実上倒産させ、右登記済証等を冒用して、本件建物について前記のような所有権移転登記をしたものである。

2　賃料の弁済の提供及び受領遅滞

㈠　被告山形かね及び被告会社

被告山形かねの子で被告会社の代表取締役である被告山形ふさ子は、昭和五八年六月二六日頃、小泉七郎の妻であった小泉なつに対して、電話で「地代を支払いたいが、何時頃行ったらよいか。」と尋ねたところ、小泉なつは、「来てもらっても、地代は受け取れない。」と述べて、賃料の受領を拒絶した。

そこで、被告山形ふさ子は、その頃、再度電話をして、小泉なつに対して、賃料を受け取って欲しい旨を告げたが、小泉なつは、これを拒んだ。

㈡　原告ら

被告山形ふさ子が被告ら主張の頃小泉なつに被告ら主張のような電話をしてきたことはあるが、小泉なつは、その際、「しばらく不在にする。」と伝えたにすぎない。

3　被告山形ふさ子への本件建物の贈与

㈠　原告ら

被告山形かねは、平成二年一〇月三一日、被告山形ふさ子に対して、本件建物を贈与した。

㈡　被告山形ふさ子

争う。

第三　争点に対する判断

一　本件土地の転貸又は賃借権の譲渡について

甲第二六号証、同第二九号証、乙第一号証、同第二号証、同第六号証、証人春日嘉雄の証言及び被告山形ふ

さ子本人尋問の結果によれば、被告会社は、昭和五八年六月当時、被告山形かねの五男の山形伍郎が代表取締役、被告山形ふさ子が取締役として本件建物においてインテリア関係の営業を行っていたが、資金繰りに窮した結果、日本相互住宅から八〇〇〇万円の融資を受けることとし、山形伍郎又は被告山形ふさ子において、本件建物をその担保に供することとし、かねて資金の調達等の目的で数野信男に預けてあった本件建物の登記済証、被告山形かねの印鑑登録証明書及び同被告作成名義の委任状等を右の目的のために使用することを日本相互住宅に対して承諾したこと、そこで、日本相互住宅は、これらの関係書類を数野信男から入手して、本件建物について買戻期間を六か月、売買代金額を五八八〇万円とする買戻特約付の売買契約を締結したものとして、同月二七日に売買を原因とする所有権移転登記をし、また、この間に被告会社に対して運転資金等として約四〇〇〇万円を融資したこと、ところが、日本相互住宅は、その後、被告会社に対して、残余の約四〇〇〇万円の融資を実行しなかったため、被告会社は、同月下旬頃に事実上の倒産をしたこと、被告山形かねは、右所有権移転登記が自らの意思に基づくものではないとして、前記のとおり、同年九月一日に日本相互住宅を被告として右所有権移転登記の抹消登記を求める訴えを提起し、その控訴審における昭和六二年五月二二日の口頭弁論期日において裁判上の和解をして、日本相互住宅に和解金三億円を支払って、右所有権移転登記の抹消登記を受けたことの各事実を認めることができる。

そして、以上の事実によれば、本件建物の日本相互住宅への買戻特約付の売買契約は、それが被告山形かねの意思に基づくものであるとしても、専ら債権担保の目的をもってされたものであることが明らかであり、しかも、日本相互住宅が未だ被告会社に対して約定どおりの融資の全部を実行しないまま、前記のとおりの係争状態に至ったものであって、小泉七郎が解除の意思表示をした昭和六〇年九月一五日当時においては、未だ前記訴訟が係属中であったのであるから、右の段階においては、これによって本件建物の所有権の移転が終局的確定的に生じていたものということはできず、これに伴ってその敷地である本件土地について民法六一二条所定の解除の原因としての賃借権の譲渡又は転貸がされたものと解することはできない。

二　賃料の弁済の提供及び受領延滞について

甲第二号証の一ないし三、同第三号証の一、二、同第五号証の一、二、同第六号証の一ないし三、同第一五号証の一ないし一〇、証人小泉なつの証言及び被告山形ふさ子本人尋問の結果によれば、被告山形かねのために本件土地の賃料の支払の事務を行っていた被告山形ふさ子及び山形伍郎は、被告会社が昭和五八年六月下旬頃に倒産をしたことに伴って一時その所在を不明とし、同月一日以降の本件土地の賃料の支払もされないままとなっていたが、被告山形ふさ子は、同年八月上旬頃、小泉七郎方に電話をして、賃料を持参したい旨を告げたところ、小泉七郎又はその妻の小泉なつは、「お盆休みには出掛けるので、お盆過ぎにお願いしたい。」旨を伝えたにすぎないこと、これに対して、被告山形かねは、前記のとおり、同月一六日に同年六月一日から八月末日までの間の賃料の弁済供託をしたこと、そこで小泉七郎は、同年九月二三日頃、同人としては殊更に争いを好むものではなく、それまでに賃料の受領を拒絶したようなことはないこと、また、山形安彦の死亡によって本件土地の賃借権を相続したものが誰であるかが明らかではなく、また、被告会社の倒産等によって賃借人の所在も明らかではないとして、これらの点を明らかにすべきことを記載した書面を被告山形かねに送付したが、被告山形かねは、小泉七郎にはなんらの連絡をとることもなく、前記のとおり賃料の弁済供託を続けたものであることの各事実を認めることができる。

したがって、被告山形かねが賃料の弁済の提供をしたにもかかわらず小泉七郎がその受領を拒絶したようなことがないことは明らかであって、被告山形かね及び被告会社の主張は失当であり、本件賃貸借契約は、小泉七郎が昭和六二年二月一九日にした解除の意思表示によって終了したものというべきである。

三　その他

1　本件建物について平成二年一一月二〇日に被告山形ふさ子のために同年一〇月三一日贈与を原因とする所有権移転登記がされていることは前記のとおりであり、被告山形ふさ子本人尋問の結果及び弁論の全趣旨によれば、被告山形ふさ子は、被告山形かねと起居を共にし、かねてから被告山形かねの意を受けて、本件建物の管理、本件土地の賃料の支払の事務、被告会社の経営等に当たっていて、被告山形かねが本件建物を被告山形ふさ子に贈与したとしてもなんら不自然ではない関係にあったことが認められるのであるから、特段の事情のない本件にあっては、右登記原因のとおり、被告山形かねは、平成二年一〇月三一日、被告山形ふさ子に対して、本件建物を贈与したものと推認するのが相当である。

2　昭和五八年六月当時における本件土地の約定賃料は、前記のとおり、一か月当たり四万〇七八九円であったのであるから、甲第一三号証及び弁論の全趣旨によって認められるその後の東京都内の地価の一般的な騰勢等に照らすと、本件土地の一か月当たりの賃料相当額が昭和六二年二月二〇日以降においては四万五〇〇〇円を下回らないことは明らかである。

第四　結　論

以上によれば、昭和六〇年九月一六日以降昭和六二年二月一九日までの間の賃料相当額の遅延損害金の支払を求める原告らの被告山形かねに対する請求は失当であり、原告らの被告らに対するその余の請求は理由がある。なお、仮執行の宣言の申立てについては、相当ではないから、これを却下する。【注3】

東京地方裁判所民事第○○部

裁判官　○　○　○　○

物件目録（省略）

【注1】「請求」欄において、請求の趣旨の記載に併せて訴訟物を記載している（本文第三の一参照）。

【注2】賃料相当額の損害金の額についても争いがあるが、敢えて争点としてこれを掲げることはないであろう。

【注3】本件では、請求の一部棄却の範囲を明らかにするために、結論の記載がされている。
また、仮執行の宣言の申立てがあったが、これを付さない場合には、補充決定（民事訴訟法一九六条の二）を必要とする場合ではないことを明らかにするために、本件の例のような記載をするのが相当である（本文第五の五参照）。

【参考判決五】

平成三年(ワ)第七一二八号株主総会決議取消請求事件

判　決

東京都新宿区西新宿一丁目七番二五号

原　告　森　明義

東京都渋谷区神南二丁目八番四－六一三号

原　告　山辺俊夫

東京都中央区銀座三丁目五番一〇号

原　告　小川喜郎

浦和市寿町四丁目二六番一五－五〇四号

原　告　阿部勝

東京都練馬区豊玉一丁目一七番三八号

原　告　伊藤憲一

原告ら訴訟代理人弁護士　甲野太郎

東京都中野区中野三丁目一三番五号

被　告　株式会社オリエンタルマリーン

右代表者代表取締役　井上幸雄
右訴訟代理人弁護士　乙野次郎

主　文

一　被告会社の平成三年三月三〇日開催の定時株主総会における別紙目録(一)及び(三)記載の決議をそれぞれ取り消す。
二　原告らの同株主総会における同目録(二)記載の決議の取消しを求める訴えを却下する。
三　訴訟費用は被告の負担とする。

事実及び理由

第一　請　求【注1】
被告会社の平成三年三月三〇日開催の定時株主総会における別紙目録(一)ないし(三)記載の決議をそれぞれ取り消す。
第二　事案の概要
本件は、被告会社の株主である原告らが、被告会社の株主総会において取締役の説明義務違反（決議方法の法令違反）があったと主張して、その決議の取消しを求めた事案である。【注2】
一　争いのない事実
1　被告会社は海運仲立業、海運代理店業などを業とする株式会社であり、原告らはその株主である。
2　被告会社は、平成三年三月三〇日に定時株主総会を開催し（本件総会）、別紙目録(一)ないし(三)記載の決議をした。

3　本件総会における別紙目録㈡記載の決議によって選任された取締役及び監査役は、いずれも平成四年三月三〇日に退任し、同日開催の定時株主総会において、新たに小倉和彦、山田宏治、井上幸雄、村山徹及び黒川忠夫が取締役に、高橋裕が監査役にそれぞれ選任された。

二　争　点

1　別紙目録㈡記載の決議取消しの訴えに、訴えの利益があるか。【注3】

2　本件総会において取締役は説明義務を尽くしたか。説明義務を尽くさなかったとして、そのことに正当事由があるか。【注4】

(原告らの主張)

㈠　原告小川に対しては本件総会の招集通知がなかったので、株主がこの点について質問をしたが、議長である代表取締役は説明を拒絶した。

㈡　議長が営業報告書の内容について「契約切れのため数隻の船の返船を余儀なくされ、売上高が減少した」と報告したので、株主がこの点について質問をしたが、議長は説明を拒絶した。

㈢　定款変更の議案について株主が提案理由の説明を求めたが、議長は「既に説明した」と答えるだけで、何ら説明をしなかった。

(被告の主張)

㈠　仮に原告小川に招集通知が届いていないとしても、これについての質問は本件総会の議題とは関係がない。しかも、原告小川は本件総会に出席している。

契約切れによる返船に関しては、その説明のために会計帳簿などの調査を要するから、説明義務の対象外である。

定款変更の議案についての質問は、既に議長が提案理由として「資金調達の便宜を図る必要性」と説明していたから、重複質問である。
(二) 原告らは被告会社への嫌がらせのため重複質問や動議を繰り返したのであって、被告会社の取締役は議案の審理に必要な情報を説明したが、仮に説明不十分であったとしても、被告会社と原告らとの間には次の事情があり、説明拒絶には正当事由がある。
原告らが被告会社の株式を取得したのは、役員又は従業員として被告会社の経営に参加する意識を高揚させるため、被告会社の親会社サウスフィールドインターナショナルコーポレーションが原告らに株式を贈与したことによる。その際、両者間で、原告らが被告会社を退職したときは、原告らはサウスフィールドに対し、退職直後の被告会社の決算貸借対照表により決定される簿価純資産価額を下回らない価格で株式を売り渡すとの合意をしていた。原告らは、平成元年五月一八日から同月三一日までの間に相次いで被告会社を退職し、原告森が設立した、被告会社と競業関係にある森海運株式会社に入社した。サウスフィールドは原告らに対し、平成二年六月八日、原告らの退職直後の被告会社の決算貸借対照表を添付し株式の買取価格を明示して株券の引渡しを求めたが、原告らは株券の引渡しを拒絶している。

このように、原告らは株券は所持しているものの、被告会社の株主の地位を実質的に失っており、原告らが本件総会に関心を有するとしたら、それは被告会社と競業関係にある森海運の関係者としての立場からである。
3 決議取消しについて、裁量棄却事由があるか。【注5】

（被告の主張）

原告らは株式買戻しの合意により被告会社の株主の地位を実質的に失っていたから、原告らに対して十分な説明がされなかったとしても重大な違反ではない。本件総会における各決議は、発行済株式総数の八五・五パーセントを有する株主の賛成をもって成立したから、説明義務違反は決議に影響を及ぼすものではない。

第三　争点に対する判断

一　訴えの利益について（争点1）

取締役又は監査役の選任決議の取消しの訴えは、その係属中に当該取締役又は監査役が退任し、その後の株式総会決議によって新たに取締役又は監査役が選任されたときは、特別の事情（例えば、訴えが当該取締役又は監査役の在任中の行為について会社の受けた損害を回復することを目的とするものであって、しかも、その損害を回復するためには選任決議取消しにより取締役又は監査役の地位を否定しておく以外に方法がないなどの事情）がない限り、訴えの利益を欠く。

本件においては、別紙目録㈡記載の決議により選任された取締役及び監査役は既に退任し、後任の取締役及び監査役が新たに選任されていて、この特別の事情についての主張立証はないから、別紙目録㈡記載の決議の取消しを求める訴えは、訴えの利益を欠き不適法である。

二　取締役の説明義務違反について（争点2）

1　本件総会の進行状況は、次のとおりであった（甲一、三、原告山辺本人）。

㈠　代表取締役である井上が議長となって冒頭に定足数の充足について説明し、次いで第一二期の営業報告書の内容を報告しようとしたところ、原告森の代理人が「その前に、手続的な問題で、一人の株主に招集通知が届いていないそうだが、その点につきどのように考えるか」との質問をした。これに対し、議長は「議題と関連性がないので、答えられない」と応答したが、原告伊藤らが「異議がある」と発言したので、議長は「いま答えたとおりである」と述べたうえ、さらに原告伊藤らが「動議、動議」と叫ぶ中で、そのまま議事を進めた。

(二) 議長は、第一二期の営業報告書の内容について「平成二年度において当社の主力フリートである冷蔵船に好影響が表れ、取得用船料や取得手数料を上昇させることができた。ただし、一方において、契約切れのため数隻の船の返船を余儀なくされ、売上高が減少した」などと報告した。そして、議長が第一号議案の審議に移ると述べたところ、原告伊藤らが「質問、質問」と発言し、原告阿部の代理人も「質問については、いつ答えてもらえるのか」と発言したので、議長は質問を受けることとした。そこで、原告森の代理人が「契約切れのための返船の数、名前、契約の内容について説明してもらいたい」と質問したが、議長は「いまのこの程度で十分と考える。答える必要はない」と述べ、同代理人や原告伊藤らが「まだ質問がある」「答えになっていない」などと発言したが、そのまま議事を進めた。

(三) 第一号議案は、原告伊藤らや原告阿部の代理人から「まだ質問が終わっていない」「動議」「異議あり」などの発言が繰り返される中で、質疑応答が何もされないまま直ちに採決され、原案に従って別紙目録(一)記載のとおり可決された。

(四) 議長は、第三号議案について「資金調達の便宜を図る必要性から、株主に新株引受権を認めた定款一〇条を削除したく提案する」と説明した。原告阿部の代理人が「質問がある。取締役の説明義務の履行を求める」と発言したので、議長が質問を許したところ、同代理人は「第三号議案について提案理由を説明してもらいたい」と述べた。これに対し、議長は「ただいまの私の説明で十分だから、答える必要はない」と述べて採決に移し、同代理人や原告伊藤らが「何も説明していない」「質問を拒否するのか」「異議がある」などと発言する中で、同議案は原案に従って別紙目録㈢記載のとおり可決されて、本件総会は閉会した。

2　株主の一人に招集通知が届いていないかどうかは手続的な問題であって、本件総会の議題のいずれとも関連性がないから、取締役がこれについて説明を拒絶したことには正当事由がある。

しかし、契約切れによる返船についての質問に対しては、議長である代表取締役は、説明のために調査を要するという理由で説明をしなかったのではなく、特に理由を示すことなく説明を拒絶している。そして、説明のために調査を要したことを認めるに足りる証拠はない。

また、定款変更議案の提案理由については、「資金調達の便宜を図る必要性」というだけでは抽象的にすぎて、株主が有している新株取引権を奪うことの是非を審議するための説明としては十分でないから、それ以上の具体的な説明をしなかったことに正当事由があったとはいえない。

3　原告らは、役員又は従業員として被告会社に在職中、被告会社の親会社であるサウスフィールドからの贈与により被告会社の株式を取得したが、その際、サウスフィールドから原告らに書簡（乙二の1ないし5）が送付され、そこには「原告らは、被告会社を退職したときはその株式をサウスフィールドに売り渡さなければならず、その売買価格は、退職直後の被告会社の決算貸借対照表により決定される簿価純資産価額を下回らない価格とする」との記載があった（争いがない）。【注6】

この事実によれば、原告らは、株式の贈与を受けるに当たって、被告会社を退職した場合にはサウスフィールドとの間で売買代金額を調整したうえ改めて株式の売買契約を締結することを合意していたものということはできるが、原告らの退職を条件とする株式売買契約を締結していたものということはできず、また、退職後サウスフィールドからの一方的な意思表示により株式の売買契約を成立させることを合意していたものということもできない。そして、株券の交付の点はさておいても、原告らがサウスフィールドとの間で改めて株式を売り渡すことを合意したことについての主張立証はないから、原告らが被告会社を退職したからといって実質的に株主の地位を失っているということはできない。

4　したがって、本件総会における別紙目録㈠及び㈢記載の各決議については、その決議の方法において取締役の説明義務違反の瑕疵があり、決議取消事由がある。

三　裁量棄却について（争点3）

本件総会における説明拒絶の態様によれば、その法令違反の程度は重大でないとはいえないから、たとえこの違反が決議に影響を及ぼさないものであったとしても、裁量棄却することはできない。

東京地方裁判所民事第〇〇部

裁判官　〇　〇　〇　〇

（別紙）

目　録

㈠　第一号議案（計算書類承認の件）について

第一二期の貸借対照表、損益計算書及び損失処理案を承認する。

㈡　第二号議案（役員選任の件）について

村山徹、井上幸雄、山田宏治及び黒川忠夫を取締役に、高橋裕を監査役にそれぞれ選任する。

㈢　第三号議案（定款変更の件）について

定款第一〇条（「新株発行時における当会社の株主名簿記載の株主は、その所有株式数に応じて新株を引き受ける新株引受権を有する。」）を削除する。

【注1】　被告の本案前の申立ては、記載が省略されている（本文第三の一）

【注2】　「事案の概要」欄の冒頭に紛争の概要が簡潔に記載され、決議取消事由として商法二四七条一項に規定するどの事由が主張されているのかが明らかにされている（本文第三の三2）。

【注3】　前提となる事実関係に争いがなく、その法的評価のみが争点となっている場合なので、この程度の記載で足りる（本文第四の二1）。

【注4】　決議取消事由としての取締役の説明義務違反の具体的事実と、これに対する抗弁となる正当事由（商法二三七条の三第一項ただし書）の基礎付け事実とが、当事者の主張を対比する形で簡潔に記載され、これによって、争点の所在が明らかにされている（本文第四の二1、2）。

【注5】　裁量棄却事由（商法二五一条）として主張されている具体的事実が簡潔に記載されている（本文第四の二1）。原告らの主張が記載されていないのは、単に法的見解を述べるにとどまるからであろう。

なお、本件総会における各決議が発行済株式総数の八五・五パーセントを有する株主の賛成をもって成立したことについては、自白又は擬制自白が成立しているものと思われるが、この事実は判断の前提とされていないので、「争いのない事実」欄に記載するには相当でない（本文第三の四7）。

【注6】　当事者間に争いのない事実であるが、これを「争いのない事実」欄に記載したのでは、かえって事案が

理解しにくくなるので、ここで、争いのないことを明示した上で判断の前提としている（本文第三の四7）。

【参考判決六】

平成三年(行ウ)第〇〇号第二次納税義務の納付通知書による告知処分取消請求事件

判　決

東京都北区茂原一丁目一一番五号

原　告　甲　野　太　郎

右訴訟代理人弁護士　乙　野　次　郎

東京都北区王子一丁目二二番五号

被　告　王子税務署長

丙　野　三　郎

右訴訟代理人弁護士　丁　野　四　郎

主　文

一　原告の請求を棄却する。

二　訴訟費用は原告の負担とする。

事実及び理由

第一　請　求

被告が原告に対し平成二年一月八日付けでした納税者秀吉興業株式会社の滞納国税に係る第二納税義務の告

知を取り消す。

第二　事案の概要

一　本件は、原告所有の店舗を賃借し、そこで飲食店を経営していた株式会社がその事業に係る国税を滞納したことから、原告がその国税につき国税徴収法（以下「徴収法」という。）三七条二号の規定に基づく第二次納税義務を負うとの告知がされたので、原告が右規定は違憲無効であるなどとしてその告知の取消をもとめた事案である。

二　本件の争点は、徴収法三七条二号の規定が日本国憲法一四条、二五条又は二九条一項に違反する無効なものであるかどうか、あるいは本件告知が同法一四条に違反するものであるかどうかという点（争点1）及び本件に徴収法三七条二号の規定を適用することができ、本件告知が日本国憲法一四条に違反するものでもないとされた場合において、本件滞納国税について原告が徴収法の右規定に該当し、第二次納税義務を負うものであるかどうかという点（争点2）である。【注1】

三　本件の前提となる事実関係は、次のとおりである（証拠により認定した事実は、その項の末尾に証拠を掲げた。その余は、当事者間に争いがない。）。

1　秀吉興業株式会社（以下「本件滞納会社」という。）は、昭和五六年九月に設立された飲食店経営等を目的とする会社である。本件滞納会社は、その発行済株式総数二万株（資本金一〇〇〇万円）のうち、原告がその七割の一万四〇〇〇株を所有する同族会社（法人税法二条一〇号）である。

2　原告は、東京都北区茂原一丁目三番地四ないし六所在の地下一階付地上四階建てのビル（以下「本件ビル」という。）を所有している。

本件滞納会社は、その設立の時以来原告から本件ビルのうち地下一階部分（床面積二七七・五六平方メートル）を賃借し（以下、この賃借物件を「本件財産」という。）、同所で飲食店「まつ」及び同「キャンドル」を経営してきた（昭和六三年九月頃事業廃止）。

3　本件滞納会社は、平成二年一月八日現在別紙一、二記載のとおり、その事業によって納付義務を負うこととなった昭和五九年一〇月分から昭和六二年九月分までの源泉所得税、その不納付加算税及び重加算税並びに昭和五九年一〇月一日から昭和六三年九月三〇日までの各事業年度の法人税及びその重加算税合計三七八万七〇〇〇円（この他に本税完納までの間の法律の規定による延滞税）を滞納していた（乙一、弁論の全趣旨）。

4　被告は、本件滞納会社が右滞納国税を納付しなかったことから、その徴収のため、徴収法三七条二号、三二条一項の規定に基づき、本件財産を限度として、平成二年一月八日付け納付通知書により、第二次納税義務の告知をした。

5　原告は、本件告知について、平成二年二月二三日被告に対し異議の申立てをしたが、同年五月三一日被告が右申立てを棄却したため、さらに同年六月二五日国税不服審判所長に対し審査請求をし、平成三年一月二九日右審査請求を棄却する旨の採決を受けた。

三　争点についての当事者の主張は、次のとおりである。

1　争点1についての原告の主張【注2】

㈠　徴収法三七条の立法趣旨は、滞納者が事業に供している財産が、本来は滞納者の所有であるのに所有名義だけを第三者のものにしている場合、あるいは、第三者の所有名義とされているが、あたかも滞納者が自己の財産と同様に支配し実質的な処分権も有する場合において、所有名義人に第二次納税義務を負わせるとするものであり、このような者に第二次納税義務を負わせることが公平であると思われる場合に課税するものである。ところが、徴収法三七条二号は、右立法理由において重要な要件とされている納税者と財産との結び付き、すなわち滞納者が財産の実質的所有者ないし財産の処分権を有するという関係を外してしまい、単に「(親族等が)事業の遂行に欠くことのできない財産を有し、かつ、当該財産に関して生ずる所得が納税者の所得となっている場合」とだけ規定しているのである。このような要件では、課税を可とするような公平性を担保することはできないから、右規定は憲法一四条の法の下の平等に違反するものであり、財産権を保障した同法二五条、二九条一項にも違反するものであって、無効である。

㈡　仮に徴収法三七条が違憲でないとしても、同条は、右立法趣旨に則り、滞納者が財産の実質的な所有者や財産の処分権を有する者でないとき、あるいは滞納者と財産の所有名義人である第三者との間に共同的事業関係があると認められないときにはこれを適用すべきではない。本件告知は、同条を適用しようとするものであるから、日本国憲法一四条に違反する。

2　争点2について

㈠　被　告

(1)　本件滞納会社の原告以外の株主は、そのほとんどが原告の親族である。本件滞納会社の登記上の代表取締役には、金甲正、原告、田中明及び崔春成が順次就任しているが、このうち田中明は、本件滞納会社の従業員、崔春成は原告の長女の夫という関係から、原告から定額の報酬を貰う約束で就任したにすぎず、実質は単なる使用人であって、同会社の営業が風俗営業であり、警察の摘発が度々あるために名前を借用したものである。また、登記された本件滞納会社の代表取締役が一時行方不明であった間の昭和五九年九月期及び昭和六〇年九月期並びにその後の昭和六一年九月期の各確定申告書には、原告自身が代表取締役として記名押印し確定申告をしている。そのうえ、本件滞納会社の帳票類及び売上金等は、本件ビル三階の原告方事業所事務室内の金庫に収納され、その金庫は原告が自由に開閉できるものであった。以上のような事実からしても、原告が本件滞納会社の実質的経営者であることは明らかである。

(2) 本件滞納会社には、飲食店「まつ」及び同「キャンドル」以外に経営する店舗はなく、同会社の売上はすべて右の二店舗に係るものであった。したがって、本件財産がなければ、同会社が事業を遂行することができなくなることは明らかであるから、本件財産は、徴収法三七条に規定する「納税者の事業に欠くことのできない重要な財産」に該当するものである。

(3) 本件滞納会社は、本件店舗用の備品のほか見るべき財産を有せずその滞納国税につき滞納処分を執行してもなおその徴収すべき額に不足する状態にある。

(二) 原　告

(1) 本件滞納会社は、賃借人としてその権利の範囲内で本件財産を占有使用していたにすぎず、本件財産を所有者同様に支配しているとか、その処分権を有しているとかいうことはなかったから、同会社をもってその実質的所有者であったということはできない。

(2) 原告は、本件滞納会社の設立後にその代表取締役に就任したことがあったが、キャバレー営業について知識、経験とも全くなかったため、たちまち営業不振に陥り、昭和六〇年一一月、知識、経験とも豊富であった田中明に代表権を譲り、経営から一切手を引いてしまった。崔春成は、原告の女婿であり、本件滞納会社の経理担当者であったが、田中と不和を生じたために昭和六二年七月一五日代表取締役に就任した。

原告は、昭和五九年一〇月から昭和六二年九月までの間、本件滞納会社の経営には全く関与していなかったのであって、それ以降は同会社に対し賃料月額四〇万円の約定で本件店舗を賃貸し、単に賃貸借契約の当事者として同社に関係していたにすぎないから、原告と同社との間には共同的事業関係もない。昭和六三年二月の法人税の調査の当時、本件ビル三階の原告方事務室内の金庫に本件滞納会社の帳票類及び売上金等を収納したのは、崔春成が行ったことである。原告個人は本件ビルの本件店舗以外の部分を使用してカプセルホテルを経営しておりその経理業務を崔春成に任せていた関係から、同人に対し本件ビル三階の原告方事務室内の金庫の使用を許していたところ、同人が同じ金庫に本件滞納会社の関係書類を入れていたにすぎなく、原告自身は右金庫にこのような書類が入っていることを知らないまま、被告の担当者の要請に応じて金庫を開けたにすぎない。

(3) 原告には、その他、本件滞納国税について責任を負うべきなんらの行為も事情もないから、原告に第二次納税義務を負わせるべき合理的理由はないのである。

第三　争点についての判断

一　争点1について

1　法人税法二条一〇号に規定する同族会社にあっては、その事業によって得られる収益が、実質的には同族会社判定の基礎となった株主等によって享受される場合が多く、その株主等がその同族会社にその事業の遂行上欠くことのできないような重要な財産を提供し、その同族会社がその財産によって所得を得ているときには、その株主等は、その財産の提供によって、実質的にはその同族会社と共同事業を行っているとみることができる。

そこで、徴収法三七条二号は、このような場合において、その同族会社の事業によって生じた国税につきその会社に滞納処分をしても不足を生じるときに限り、補充的にその財産及び不足額の限度で、その株主等に納税義務を負わせるものである。

収益が法律の形式上帰属するとされている者とそれが実質的に帰属している者とが異なる場合において、その収益によって生ずる納税義務をその形式上帰属するとされている者が果たし得ないときには、その義務をそれが実質的に帰属している者に負わせるのは、徴税権の実現の方法として公平なことというべきである。

2　問題は、どのような場合をこれに当たるものとするかであるが、徴収法三七条二号は、右1のとおり、①滞納者が同族会社であること、②滞納者が同族会社であるとする判定の基礎となった株主が、滞納者の事業の遂行上欠くことのできない重要な財産を有していること、③その財産に関して生ずる所得が滞納者の所得となっていることの要件がある場合をこれに当たるとするのである。

ある財産を所有している者について、その者と滞納者との間及びその財産と滞納者との間に右のような強固な結び付きがあるのであれば、その者については、その財産の提供の限度で滞納者と実質的な共同経営者であって滞納者の債務について一定の責任を負うものとし、その財産については、滞納者の実質的な責任財産であるとすることには、当事者の選択した法律形式を尊重しつつ、実質的な所得の帰属主体に徴税権を行使する制度として優に合理性を肯定することができる。したがって、右規定は、日本国憲法一四条、二五条及び二九条一項のいずれの規定にも反するものではないというべきであるし、本件告知が同法一四条に反するということもできないというべきである。

二　争点2について

1　前示前提事実によれば、本件滞納会社は、同族会社であり、原告は、その判定の基礎となる株主であって、本件財産を所有し、本件滞納会社はその設立以来本件財産において飲食店「まつ」及び「キャンドル」を経営してきたが、その飲食店事業に係る本件滞納国税を滞納している。

そして、乙第七号証、乙第九号証、証人崔春成の証言及び原告本人尋問の結果によれば、右二軒の飲食店以外に本件滞納会社が経営する店舗はなく、同会社の売上は、右の本件財産における飲食店経営によるものであったこと及び同会社は、平成元年頃原告に賃借していた本件財産を返還した後は、他に営業店舗もなく、事業を縮小して休暇状態となっており、見るべき財産を有しないことが認められる。

これらの事実によれば、本件財産は、本件滞納会社にとって、その事業に欠くことのできない重要な財産であり、右財産に関して生ずる所得が本件滞納会社の所得となっていて、本件滞納国税につき本件滞納会社に対し滞納処分を執行してもなおその徴収すべき額に不足する状態にあることとなる。

2　右1によれば、原告は、本件滞納国税について、徴収法三七条二号の規定による第二次納税義務を負うものというべきである。

第四　結　論【注3】

以上によれば、被告のした本件告知は適法である。

東　京　地　方　裁　判　所　民　事　第　○　○　部

裁　判　長　裁　判　官　○　○　○　○

裁判官　○○○○

裁判官　○○○○

別　　　表（省略）

【注1】数個の争点があって、その間に条件関係があるような場合には、単に争点を羅列しないで、個々の争点と各争点間の関係を説明的に記述すると理解に便である（本文第四の二2参照）。

【注2】本争点については、被告も種々の主張をしていると思われるが、判断との関係からは、原告の主張のみを記載すれば十分であろう。

【注3】一般にこのような結論の記載は必要ではないが、行政処分取消訴訟の場合には、当該行政処分の違法一般が訴訟物となる関係から、すべての訴訟物についての判断を経たことを現す趣旨でこのような記載をしたものと考えられる。

民事裁判資料第208号
民事訴訟の運営改善関係資料(2)抜刷
新様式による民事判決書の在り方について
(平成6年3月) **書籍番号500208**

平成6年11月10日　第1版第1刷発行
令和2年4月30日　抜刷発行

編　集　最高裁判所事務総局民事局
発行人　門　田　友　昌
発行所　一般財団法人　法　曹　会
〒100-0013　東京都千代田区霞が関1-1-1
振替口座　00120-0-15670
電　話　03-3581-2146
http://www.hosokai.or.jp/

落丁・乱丁はお取替えいたします　印刷製本／(株) キタジマ

ISBN 978-4-86684-045-1

(6) 第151条第６号及び第７号の規定による手続において、鑑定人は、児童及び少年の精神科及び精神療法の医師であるものとする。第151条第６号の規定による手続において、鑑定は、施設における育成に関して実績のある精神療法士、心理学者、教育学者又は社会教育学者が行うこともできる。自由の剥奪を伴う措置の許可の手続においては、医師の診断で足りる。第１文の規定は、これを準用する。

(7) 自由の剥奪を伴う収容及び自由の剥奪を伴う措置は、遅くとも６か月の経過後には終了するが、明らかに長期の保護の必要性がある場合において、以前に期間の延長がされていないときは、遅くとも１年後には終了する。

第167a条　民法典第1686a条の規定による手続についての特別規定

(1) 民法典第1686a条の規定による交流権又は情報の提供を求める権利の付与の申立ては、申立人が、子の母と懐胎期間中に同衾した旨の宣誓に代わる保証をしている場合にのみすることができる。

(2) 何人も、民法典第1686a条の規定による交流権又は情報の提供を求める権利に関する手続において、生物学的な父子関係の明確化に必要である限りで、検査を、とりわけ血液検体の採取を、受忍しなければならないが、検査を受けることを要求できない場合はこの限りでない。

(3) 第177条第２項第２文及び第178条第２項の規定は、これを準用する。

第167b条　民法典第1631e条に基づく許可手続、命令への授権

(1) 民法典第1631e条第３項による手続において、両親が手術を支持する旨の意見を提出し、かつ、許可を妨げる明白な理由がないときは、裁判所は、書面による手続で許可をする。裁判所が書面による手続で裁判をする場合、少年局の陳述聴取、両親本人の陳述聴取及び手続補佐人の選任を行わないものとする。第162条は適用されない。

(2) 両親が手術を支持する旨の見解を裁判所に提出しない場合、又は前項による許可を妨げる理由が明白である場合、裁判所は、期日において関係人と討論する。裁判所は、児童・少年援助を担当する相談機関や相談サービスによる相談手続を利用することができることを指摘する。裁判所は、両親に対して、性的発達に特異性のある子への対応について相談をし、その証明書を裁判所に提出することを命ずることができる。この命令は、独立して不服申立てをすることができず、強制手段を用いて実現することができない。

(3) 州政府は、法規命令により、前２項に基づく手続についての管轄を高等裁判所の所在地を管轄する家庭裁判所又は他の家庭裁判所に割り当てる権限を有する。この権限はそれぞれの州政府によって州の司法行政機関に委譲することができる。複数の州は、この規定に基づく手続について、州をまたぐ裁判所の管轄を合意することができる。

第168条　後見人の選択

(1) 裁判所が後見人を選任しなければならない場合、その選択の際に、著しい遅滞が生ずることなくすることができるときは、事件本人である子にとって近親の家族及び親しい者の陳述を聴取するものとする。

(2) ある者を名誉職としての後見人として又は職業後見人として選任する前に、裁判所は連邦中央登記法第41条に従い情報を得なければならない。裁判所は、選任後、適切な間隔を置いて、長くとも２年ごとに、情報を得ることにより、後見人の適格が存続しているのかを審査する。

(3) 第291条の規定は、満14歳に達し、行為無能力ではない被後見人について準用する。

第168a条　決定主文の内容及び決定の効力の発生

(1) 後見人の選任の場合、決定主文は次の各号に掲げる事項をも含む。

1．職業後見人を選任する場合、職業後見人であることの表示

2．団体後見人を選任する場合、団体後見人であることの表示及び後見団体の表示

3．少年局を選任する場合、管轄局の表示

4．民法典第1776条又は第1777条に基づく保護人の選任の場合、保護人の表示及びその委託された事務

5．民法典第1781条に基づく選任の場合、仮後見人であることの表示

(2) 後見人の選任の内容又は存続についての決定は、後見人への告知により効

力を生ずる。第287条第２項の規定は、これを準用する。

第168b条　選任証書

⑴　後見人はその選任に関する証書を受け取る。その証書には、次に掲げる事項を含むものとする。

１．被後見人の表示及び後見人の表示

２．民法典第1776条又は第1777条の場合には、保護人に委託された事務

３．民法典第1789条第２項第３文による代理権の制限に関する記載

４．民法典第1801条による免除に関する記載

⑵　少年局が民法典第1751条第１項第２文、第1786条又は第1787条に従い後見人となる場合、裁判所は遅滞なく後見が開始されたことに関する証明書を付与しなければならない。

⑶　後見人は、その職務の終了後、選任証書又は証明書を返還しなければならない。

第168c条　重要な事務についての陳述聴取

裁判所は、著しい遅滞が生ずることなくすることができるときは、重要な事件における裁判の前に、被後見人の最も近親の家族の陳述を聴取するものとする。

第168d条　支払の確定のための手続

第292条第１項及び第３項から第６項までの規定は、後見人への支払の確定のための手続について準用する。

第168e条　後見の終了

後見の終了の有無及び時期について疑いや見解の相違がある場合、裁判所は、決定で、後見の終了及び終了の時点を確認する。

第168f条　未成年者のための保護

後見に適用される規定は、未成年者のための保護について準用する。決定主文及び選任証書には、保護人の表示と保護人に委託された事務の表示が含まれる。

第168g条　身分登録局の通知義務

(1)　未成年の子を遺して死亡した者がある場合、父の死亡後に子が出生した場合、戸籍上の身分が不明である未成年者が発見された場合、若しくは妊娠葛藤法第25条第１項の規定による秘密出産により子が出生した場合において、その旨が身分登録局に届けられたとき、又は身分登録法第45b条第２項第３文の場合において法定代理人の同意を欠くときは、身分登録局はその旨を家庭裁判所に通知しなければならない。

(2)　子の配慮権を共同で有する両親が婚氏を持たず、かつ、子の出生から１か月以内に子の出生氏が定められていないときは、身分登録局はその旨を家庭裁判所に通知する。

第４章　実親子関係事件の手続

第169条　実親子関係事件

実親子関係事件とは、次に掲げる手続をいう。

1．親子関係の存在又は不存在の確定、とりわけ父子関係の認知の有効又は無効の確定を目的とする手続

2．遺伝学的親子関係の検査に対する同意の代替及び検体採取の受忍命令を目的とする手続

3．実親子関係についての鑑定意見の閲覧又は謄本の交付を目的とする手続

4．父子関係の否認を目的とする手続

第170条　土地管轄

(1)　子の常居所地を管轄する裁判所が専属管轄権を有する。

(2)　ドイツの裁判所の管轄権が前項の規定により存しない場合は、母の常居所を基準とし、なお管轄が存しないときは父の常居所を基準とする。

(3)　前２項の規定により管轄が存しない場合は、ベルリンのシェーネベルク区裁判所が専属管轄権を有する。

第171条　申立て

(1)　手続は、申立てにより開始する。

⑵　申立てには、手続の目的と関係者（die betroffenen Personen）を表示するものとする。民法典第1600条第１項第１号から第４号までの規定による父子関係の否認を目的とする手続においては、父子関係を否定する事情及びその事情が判明した時点を記載するものとする。

第172条　関係人

⑴　次に掲げる者は関係人となる。

１．子

２．母

３．父

⑵　少年局は、第176条第１項第１文に掲げる場合、その申立てにより関係人となる。

第173条　補佐人による子の代理

少年局が補佐人として子を代理する場合には、配慮権を有する一方の親による代理は認められない。

第174条　手続補佐人

裁判所は、実親子関係事件における未成年である関係人のために、その利益を擁護するために必要な限り、手続補佐人を選任しなければならない。第158条から第158c条までの規定は、これを準用する。

第175条　討論の期日、本人の陳述聴取

⑴　裁判所は、実親子関係についての証拠調べの前に、期日において、事件について討論するものとする。裁判所は、手続能力のある関係人本人の出頭を命ずるものとする。

⑵　裁判所は、遺伝学的親子関係の検査に対する同意の代替及び検体採取の受忍命令（民法典第1598a条第２項）についての裁判の前に、両親及び満14歳に達した子本人の陳述を聴取するものとする。裁判所は、より年少の子本人の陳述を聴取することができる。

第176条　少年局の陳述聴取

⑴　民法典第1600条第１項第２号の規定による否認の場合及び民法典第1600条

第１項第４号の規定による否認の場合において、否認が法定代理人によりなされるときは、裁判所は少年局の陳述を聴取するものとする。

その他の場合において、関係人が未成年であるときは、少年局の陳述を聴取することができる。

⑵ 裁判所は、前項第１文の規定による否認がなされた場合及び同項第２文の規定による陳述聴取がなされた場合には、少年局に裁判を通知しなければならない。少年局は、決定に対して抗告をすることができる。

第177条　制限的職権探知、法定の方式による証拠調べ

⑴ 父子関係の否認を目的とする手続において、関係人によって主張されなかった事実は、父子関係の存続に資するものとして適する場合、又は、父子関係の否認を求める関係人が異議を述べない場合にのみ、顧慮することができる。

⑵ 第169条第１号及び第４号の規定による手続において、実親子関係については、法定の方式による証拠調べを行わなければならない。関係人が他の関係人の同意を得て実親子関係についての鑑定を得た場合において、裁判所がその鑑定意見でなされた事実の確認の正確性と完全性に疑いを持たず、かつ、関係人が同意したときは、その鑑定を、鑑定人による鑑定に代えて利用することができる。

第178条　実親子関係の確定のための検査

⑴ 何人も、実親子関係の確定に必要な限りで、検査を、とりわけ血液検体の採取を、受忍しなければならないが、その者に検査を要求することができない場合はこの限りでない。

⑵ 民事訴訟法第386条から第390条までの規定は、これを準用する。正当な理由なく検査の拒絶が繰り返される場合は、直接強制も適用することができ、とりわけ検査への強制的な勾引を命じることができる。

第179条　複数の手続

⑴ 同一の子に関する複数の実親子関係事件は、相互に併合することができる。第237条の規定による扶養事件は、父子関係の存在の確定を目的とする

手続と併合することができる。

(2) その他の場合においては、実親子関係事件相互の併合及び実親子関係事件と他の手続との併合は、することができない。

第180条　裁判所の調書への記載による意思表示

父子関係の認知、母の同意及び認知の撤回は、討論の期日においても裁判所の調書への記載によりその意思表示をすることができる。子の出生の時点において子の母と婚姻していた夫、子又は法定代理人について必要とされる同意について同様とする。

第181条　関係人の死亡

終局裁判の確定前に関係人が死亡した場合、裁判所は、他の関係人に対し、関係人が1か月の期間内に裁判所に対する意思表示により請求したときに限り手続が継続することを、教示しなければならない。裁判所が定めた期間内に手続の継続を請求する関係人がない場合、手続はその本案において終結したものとする。

第182条　決定の内容

(1) 民法典第1600条第1項第2号の規定による否認の結果として、民法典第1592条の規定による父子関係の不存在を確認する決定が確定したときは、この決定は否認を求めた者が父であることの確認を含む。この効力は、決定主文において、職権で宣言しなければならない。

(2) 裁判所は、父子関係の不存在の確認を求める申立てを、申立人又は他の関係人を父と確定したことを理由に棄却する場合、その旨を決定主文において宣言する。

第183条　父子関係の否認の場合の費用

父子関係の否認を求める申立てが認容された場合、関係人は、未成年の子を除き、裁判所費用を等しい割合で負担する。裁判所外の費用は、関係人が各自で負担する。

第184条　決定の効力、裁判の変更の否定、抗告についての補充規定

(1) 実親子関係事件における終局裁判は、確定により効力を生ずる。裁判の変更は許されない。

⑵ 実親子関係について裁判がなされた場合には、決定は全ての者のために、全ての者に対して効力を有する。

⑶ 実親子関係事件の終局事件に対しては、手続の関係人であった者又は関係人とされるべきであった者も抗告をすることができる。

第185条　手続の再審

⑴ 実親子関係について判断をした確定決定に対する原状回復の申立ては、関係人が実親子関係について新しい鑑定意見を提出し、その鑑定意見が単独で又は前の手続において収集された証拠と併せて異なる判断を導くであろうと認められる場合にも許される。

⑵ 再審の申立ては、前の手続で勝訴した関係人も提起することができる。

⑶ 申立てについては、第一審として裁判をした裁判所が専属管轄権を有する。不服申立てのなされた決定が、抗告裁判所又は法律抗告裁判所によってされたときは、抗告裁判所が管轄権を有する。申立てが無効の申立て又は民事訴訟法第580条の規定による原状回復の申立てと併合されたときは、民事訴訟法第584条の規定を適用する。

⑷ 民事訴訟法第586条の規定は、これを適用しない。

第５章　養子事件の手続

第186条　養子事件

養子事件とは、次に掲げる事項に関する手続をいう。

１．養子縁組

２．養子縁組への同意の代替

３．養子縁組関係の解消

４．民法典第1308条第１項の規定による婚姻禁止の解除

第187条　土地管轄

⑴ 第186条第１号から第３号までの規定による手続については、養親となる者又は共同で養親となる者の一人の常居所地を管轄する裁判所が専属管轄権

を有する。

⑵ 前項の規定によりドイツの裁判所に管轄が生じないときは、子の常居所を基準とする。

⑶ 第186条第４号の規定による手続については、婚姻しようとする者の一方の常居所地を管轄する裁判所が専属管轄権を有する。

⑷ 養子効力法（Adoptionswirkungsgesetz）の第６条第１項第１文及び第２項の規定は、未成年者に関わる養子事件において、次に掲げる場合について準用する。

１．養親となる者及び養子となる者の常居所が外国にあるとき。

２．申立て前２年間の養子となる者の常居所が外国にあったとき。

⑸ 前４項の規定により管轄が存しないときは、ベルリンのシェーネベルク区裁判所が管轄権を有する。裁判所は、重大な事由が存在する場合には、事件を他の裁判所に移送することができる。

第188条　関係人

⑴ 次に掲げる者は関係人となる。

１．第186条第１号の規定による手続において、

a） 養親となる者及び養子となる者

b） 養子となる者が未成年であり、かつ、民法典第1747条第２項第２文若しくは第４項の場合に該当しない場合、又は民法典第1772条に規定する場合は、養子となる者の両親

c） 民法典第1749条第２項の場合に該当しない限りにおいて、養親となる者の婚姻の相手方若しくは生活パートナー及び養子となる者の婚姻の相手方若しくは生活パートナー

２．第186条第２号の規定による手続において、その同意が代替されるべき者

３．第186条第３号の規定による手続において、

a） 養親及び養子

b） 未成年の養子の実親

4．第186条第４号の規定による手続において、婚姻しようとする者

⑵　少年局と州の少年局は、その申立てにより関係人となる。

第189条　専門家の意見

⑴　未成年者が養子とされる場合、裁判所は、当該子と養親となる者の家族が養子縁組に適しているかどうかについて、専門家の意見を得なければならない。

⑵　専門家の意見は、当該子をあっせんし、又は養子縁組あっせん法第９a条第２項の規定による相談手続証明書を交付した養子縁組あっせん機関から得なければならない。養子縁組あっせん機関が従事していないときは、少年局から専門家の意見を得なければならない。

⑶　専門家の意見は、無償で提出されなければならない。

⑷　裁判所は、当該子をあっせんした養子縁組あっせん機関に、裁判を通知しなければならない。

第190条　（削除）

第191条　手続補佐人

裁判所は、養子事件において、未成年である関係人の利益を擁護するために必要である限り、その者のために手続補佐人を選任しなければならない。第158条から第158c条までの規定は、これを準用する。

第192条　関係人の陳述聴取

⑴　裁判所は養子縁組の手続又は縁組関係の解消の手続において養親となる者及び子の本人の陳述を聴取しなければならない。

⑵　前項のほか、関係人の陳述を聴取するものとする。

⑶　未成年である関係人の陳述聴取は、その成長、教育又は健康に不利益が生じるおそれがある場合、又は年少のために陳述聴取による解明の見込みがない場合、これをしないことができる。

第193条　その他の者の陳述聴取

裁判所は、養子縁組の手続において養親となる者の子及び養子となる者の子の陳述を聴取しなければならない。第192条第３項の規定を準用する。

第194条　少年局の陳述聴取

⑴　養子事件において、養子となる者又は養子が未成年であるときは、裁判所は少年局の陳述を聴取しなければならない。第189条の規定により少年局が専門家の意見を提出した場合は、この限りでない。

⑵　裁判所は、少年局の陳述聴取をした場合又は少年局が専門的意見を提出した場合、裁判を少年局に通知しなければならない。少年局は、決定に対して抗告をすることができる。

第195条　州の少年局の陳述聴取

⑴　養子縁組あっせん法第11条第１項第２号及び第３号に掲げる場合、裁判所は、養子縁組を宣言する前に、養親となる者の常居所地を管轄領域とする州の少年局の中央養子縁組機関の陳述をも聴取しなければならない。中央養子縁組機関が関与していないときは、それに代えて、第194条の規定により意見を述べる機会を有する少年局又は第189条の規定により専門家の意見を提出した少年局の所在地を管轄する州の少年局に対し陳述聴取をしなければならない。

⑵　裁判所は、前項の規定により陳述を聴取しなければならなかった全ての裁判を当該州の少年局に通知しなければならない。州の少年局は、決定に対して抗告をすることができる。

第196条　併合の禁止

養子事件を他の手続と併合することはできない。

第196a条　申立ての却下

養子縁組あっせん法第９a条により必要な相談手続についての証明書が提出されていない場合、裁判所は養子縁組の申立てを却下する。

第197条　養子縁組についての決定

⑴　裁判所が養子縁組を宣言する決定においては、縁組の根拠となる法律上の規定を示さなければならない。民法典第1747条第４項の規定により両親の一方の同意を要しないと認めるときは、その旨を同様に決定において示さなければならない。

⑵　前項の場合、決定は、養親となる者への送達により効力を生じ、養親となる者の死亡後は子への送達により効力を生ずる。

⑶　この決定に対しては、不服を申し立てることができない。裁判の変更又は再審は許されない。

第198条　その他の手続における決定

⑴　養子縁組の事前同意又は同意の代替についての決定は、確定により初めて効力を生ずる。差し迫った危険があるときは、裁判所は、決定が即時に効力を生ずることを命じることができる。この決定は、申立人に告知された時に効力を生ずる。裁判の変更及び再審は許されない。

⑵　養子縁組関係を解消する裁判所の決定は、確定により初めて効力を生ずる。裁判の変更及び再審は、これを認めない。

⑶　民法典第1308条第１項の規定による婚姻禁止を解除する決定に対しては、不服を申し立てることができない。婚姻が締結された場合、裁判の変更及び再審は、これを認めない。

第199条　養子効力法の適用

養子効力法の規定の適用は、これを妨げない。

第６章　婚姻住居事件及び家財事件の手続

第200条　婚姻住居事件、家財事件

⑴　婚姻住居事件とは、次に掲げる手続をいう。

１．民法典第1361b条による手続

２．民法典第1568a条による手続

⑵　家財事件とは次に掲げる手続をいう。

１．民法典第1361a条による手続

２．民法典第1568b条による手続

第201条　土地管轄

次に掲げる順位で、〔次に掲げる裁判所が〕専属管轄権を有する。

１．婚姻事件の係属中において、婚姻事件の第一審が係属している又は係属

していた裁判所

2. 婚姻当事者の共通の住居地を管轄する裁判所

3. 相手方の常居所地を管轄する裁判所

4. 申立人の常居所地を管轄する裁判所

第202条　婚姻事件裁判所への移送

婚姻住居事件又は家財事件が別の裁判所の第一審に係属している場合に、婚姻事件が係属したときは、婚姻住居事件又は家財事件は、職権により婚姻事件の裁判所に移送しなければならない。民事訴訟法第281条第２項及び第３項第１文の規定は、これを準用する。

第203条　申立て

⑴　手続は、婚姻の一方当事者の申立てによって開始される。

⑵　家財事件の申立ては、分割分を求める対象財産の記載を含むものとする。第200条第２項第２号による家財事件の申立てには、さらに、その厳密な摘示も含む、全ての家財の目録が添付されるものとする。

⑶　婚姻住居事件の申立ては、子が婚姻の両当事者の家政において生活しているか否かについての摘示を含むものとする。

第204条　関係人

⑴　第200条第１項第２号に定める婚姻住居事件には、その住居の賃貸人、土地所有者、第三者（民法典第1568a条第４項）及び、その住居について婚姻の両当事者又は一方当事者と共有関係にある者もまた、関係人となる。

⑵　子が婚姻の両当事者の家政において生活しているときは、少年局は、その申立てにより、婚姻住居事件の関係人となる。

第205条　婚姻住居事件における少年局の陳述聴取

⑴　婚姻住居事件において、裁判所は、子が婚姻の両当事者の家政において生活しているときは、少年局の陳述を聴取するものとする。陳述聴取が、専ら差し迫った危険を理由として行われないときは、遅滞なく追完されなければならない。

⑵　裁判所は、前項第１文の場合には、少年局に裁判を通知しなければならな

い。決定に対して、少年局は不服を申し立てることができる。

第206条　家財事件に関する特別規定

(1)　裁判所は、家財事件において、各婚姻当事者に次に掲げることを命ずることができ、かつ、そのために相当な期間を定めることができる。

1．その者が分配を求める家財を記載すること。

2．その厳密な名称を含む全ての家財の目録を提出すること、又は提出された目録を補充すること。

3．特定の事情について説明すること、自己の摘示を補充すること、又は、他の関係人の主張に対して意見を表明すること。

4．特定の証拠を提出すること。

(2)　前項による期間の経過後に初めて主張された事情は、裁判所の自由な心証によればそれによって手続の終了が遅延しないとき、又は、婚姻当事者が遅延につき十分に弁明したときにのみ、顧慮することができる。

(3)　婚姻の一方当事者が第１項に定める命令を遵守しないとき、又は、前項によって事情が顧慮されないときは、裁判所は、その限りにおいて、事実関係のさらなる解明のための義務を負担しない。

第207条　討論の期日

裁判所は、期日において、婚姻の両当事者と共に、事件について討論するものとする。裁判所は、婚姻の両当事者本人の出頭を命ずるものとする。

第208条　婚姻の一方当事者の死亡

婚姻の一方当事者が手続終結前に死亡したときは、手続は、本案において終了したものとみなす。

第209条　裁判の実施、効力

(1)　裁判所は、終局裁判によって、その実施に必要な命令を定めるものとする。

(2)　婚姻住居事件及び家財事件の終局裁判は、確定によりその効力を生ずる。裁判所は、第200条第１項第１号による婚姻住居事件において、〔裁判が〕即時に効力を生ずることを命ずるものとする。

⑶　裁判所は、〔裁判が〕即時に効力を生ずることを命ずるとともに、相手方への送達前における執行を許可することもできる。この場合に、〔裁判の〕効力は、裁判が裁判所の事務課に公示のために交付された時点で生ずる。この時点は、裁判に記載されなければならない。

第７章　暴力保護事件の手続

第210条　暴力保護事件

暴力保護事件とは、暴力保護法第１条及び第２条に定める手続をいう。

第211条　土地管轄

申立人の選択に従い、〔次に掲げる裁判所が〕専属管轄権を有する。

１．〔暴力〕行為が行われた地を管轄する裁判所

２．申立人及び相手方の共通の住居地を管轄する裁判所

３．相手方の常居所地を管轄する裁判所

第212条　関係人

暴力保護法第２条に定める手続において、子が〔申立人及び相手方の〕家政で生活している場合には、少年局は、その申立てによって関係人となる。

第213条　少年局の陳述聴取

⑴　暴力保護法第２条に定める手続において、子が〔申立人及び相手方の〕家政で生活している場合は、裁判所は、少年局の陳述を聴取するものとする。陳述聴取が、専ら差し迫った危険を理由として行われないときは、遅滞なく追完されなければならない。

⑵　裁判所は、前項前段の場合に、少年局に裁判を通知しなければならない。決定に対して、少年局は抗告をすることができる。

第214条　保全命令

⑴　裁判所は、申立てに基づき、保全命令により、暴力保護法第１条又は第２条の定める仮の定めをすることができる。即時の措置のための差し迫った必要は、暴力保護法第１条に定める行為が行われたとき、又は、具体的な事情により行われることが予想されるときには、通常存在する。

(2) 前項の規定に基づく決定は、職権で送達される。〔裁判所の〕事務課は、裁判所執行官に送達を委任する。保全命令発令の申立ては、口頭による討論を経ない発令の場合には、執行の委任とみなされる。申立人の申立てにより、送達は執行前になされてはならない。

第214a条　和解の承認

関係人が和解をする場合に、裁判所は、暴力保護法第１条第２項第１文と併せて適用する場合も含め、暴力保護法第１条第１項に定める相応の措置を自ら命ずることができた限りにおいて、和解を承認しなければならない。裁判所の承認に対して不服を申し立てることができない。

第215条　終局裁判の実施

暴力保護法第２条に定める手続において、裁判所は、終局裁判で、その実施に必要な命令を定めるものとする。

第216条　〔裁判の〕効力、送達前の執行

(1) 暴力保護事件における終局裁判は、確定によりその効力を生ずる。裁判所は、〔裁判が〕即時に効力を生ずることを命ずるものとする。

(2) 裁判所は、〔裁判が〕即時に効力を生ずることを命ずるとともに、相手方への送達前における執行を許可することもできる。この場合に、〔裁判の〕効力は、裁判が裁判所の事務課に公示のために交付された時点で生ずる。この時点は、裁判に記載されなければならない。

第216a条　裁判の通知

通知を行わないことについての関係人の一人の保護に値する利益が、他の関係人の要保護性又は通知をすることについての公の利益に優越しない限り、裁判所は、暴力保護法第１条及び第２条に定める命令並びにその変更又は取消しを、命令の実施に関わる管轄警察署その他の公的機関に対して、遅滞なく通知する。関係人は、通知について告知されるものとする。本条の規定は、第214a条に定める承認された和解について準用する。

第８章　年金調整事件の手続

第217条　年金調整事件

年金調整事件とは、年金調整に関する手続をいう。

第218条　土地管轄

次に掲げる順位で、〔次に掲げる裁判所が〕専属管轄権を有する。

1．婚姻事件の係属中において、婚姻事件の第一審が係属している又は係属していた裁判所
2．婚姻の両当事者の共通の常居所地を管轄する裁判所、又は、婚姻当事者の共通の常居所地を管轄する裁判所の管轄地区に婚姻の一方当事者が引き続き常居所を有するときは、その裁判所
3．相手方の常居所地又は居所地を管轄する裁判所
4．申立人の常居所地又は居所地を管轄する裁判所
5．ベルリンのシェーネベルク区裁判所

第219条　関係人

次に掲げる者は、関係人となる。

1．婚姻の両当事者
2．調整されるべき年金請求権が存する年金保険者
3．調整を目的とした年金請求権が設定されるべき年金保険者
4．婚姻の両当事者の遺族及び相続人

第220条　手続法上の情報提供義務

(1)　裁判所は、前条に基づいて関係人となるべき者及び年金保険者、並びに、情報を提供することのできる他の機関に対し、年金請求権の原因及び額について、情報を求めることができる。

(2)　裁判所が〔照会〕書式を送付する場合は、この書式が情報提供の際に用いられなければならない。前段の規定は、自動的に作成される年金保険者の情報については適用しない。

(3)　裁判所は、婚姻当事者又はその遺族若しくは相続人が年金調整に含まれるべき年金請求権の確定に必要な協力行為を年金保険者に提供すべきこと

を、命ずることができる。

(4) 年金保険者は、明確で追試し得る算定を含む年金調整法第５条によって必要とされる価額及び分割の基準となる規定を通知する義務を負う。裁判所は、職権で又は関係人の申立てにより、年金保険者に対し、価算出の細目を明らかにするよう求めることができる。

(5) 本条に掲げる者及び機関は、裁判所の要請及び命令に従う義務を負う。

第221条　討論、手続の中止

(1) 裁判所は、期日において、婚姻の両当事者と共に、事件について討論するものとする。

(2) 裁判所は、年金調整に含まれるべき年金請求権の存在又は額について訴訟が係属している場合には、〔年金調整事件〕手続を停止しなければならない。

(3) 年金請求権について争いがあるが、前項の要件を満たさない場合は、裁判所は、〔年金調整事件〕手続を停止し、かつ、婚姻の一方当事者又は両当事者に対し、訴えの提起のための期間を定めることができる。この訴えが提起されないか適時に提起されないときは、裁判所は、訴えでもって主張できたであろう主張を、顧慮しないことができる。

第222条　外部分割の実施

(1) 年金調整法第14条第２項、第15条第１項及び第19条第２項第５号による選択権は、裁判所の定める期間内に行使しなければならない。

(2) 年金調整権利者は、年金調整法第15条第１項による自己の選択権を行使する場合は、同時に、選択された年金保険者が予定される分割に同意していることを、前項に基づき定められた期間内に証明しなければならない。

(3) 裁判所は、終局裁判において、年金調整法第14条第４項に基づいて支払われるべき元本の額を定める。

(4) 年金調整法第16条に基づく外部分割については、前３項の規定は適用されない。

第223条　離婚後における調整請求の申立ての必要性

裁判所は、年金調整法第20条から第26条までの規定に基づく離婚後における調整請求については、申立てがある場合にのみ裁判する。

第224条　年金調整についての裁判

⑴　年金調整に関する終局裁判は、確定により初めてその効力を生ずる。

⑵　終局裁判には、理由を付さなければならない。

⑶　離婚の際の価額調整が、年金調整法第３条第３項、第６条、第18条第１項若しくは第２項又は第27条によって行われない場合、裁判所は、決定主文においてこのことを定める。

⑷　離婚の際における価額調整後に、離婚後の調整請求のために年金請求権がなお残っているときは、裁判所は、理由中でこの年金請求権を指定する。

第225条　離婚の際の価額調整の変更の許容性

⑴　離婚の際の価額調整の変更は、年金調整法第32条にいう年金請求権についてのみ、することができる。

⑵　婚姻期間の終了後に、年金請求権の調整価額に遡及的に影響し、重大な価額変更をもたらす法律上又は事実上の変更があった場合は、裁判所は、申立てにより、この年金請求権に関する裁判を変更する。

⑶　前項に定める価額変更は、それが年金請求権の従前の調整価額の少なくとも５％に相当し、かつ、年金額においては、基準となる受給額として、社会法典第４編第18条第１項に基づく婚姻期間の終了時を基準とする受給月額の１％を超えるとき、その他の全ての場合には、元本価格として、その120％を超えるときは、重要である。

⑷　変更は、それによって調整権利者の年金のために基準となる待機期間が満たされる場合にも、することができる。

⑸　変更は、婚姻の一方当事者又はその遺族に有利にされなければならない。

第226条　離婚の際の価額調整の変更の実施

⑴　申立権を有するのは、婚姻当事者、その遺族、及び、変更によって影響を受ける年金保険者である。

⑵　申立ては、婚姻の一方当事者が、継続的な年金を、変更されるべき年金請求権に基づいて受け取ることが予想される開始時点又は変更に基づいて期待

することのできる開始時点より早くとも12か月前に、することができる。

⑶ 年金調整法第27条の規定は、これを準用する。

⑷ 変更は、申立てがされた月の翌月１日から効力を生ずる。

⑸ 変更の申立てをした婚姻の一方当事者が終局裁判の確定前に死亡した場合は、裁判所は、申立権を有するその他の関係人に対して、申立権を有する関係人が１か月の期間内に裁判所に対する意思表示により手続を求める場合に限り手続が続行されることを教示しなければならない。申立権を有する関係人が手続の続行を期間内に求めない場合は、手続は、本案において終了したものとみなす。婚姻の他方当事者が死亡した場合は、手続はその相続人に対して続行される。

第227条　その他の変更

⑴ 年金調整法第20条から第26条までの規定による離婚後の年金調整請求についての裁判の変更には、第48条第１項が適用される。

⑵ 第225条及び第226条の規定は、変更が排除されていない場合に、年金調整についての婚姻当事者間の合意について準用する。

第228条　抗告の許容性

年金調整事件において、第61条は、費用負担の裁判の取消しについてのみ、適用される。

第229条　家庭裁判所と年金保険者との間の電子的法情報交換

⑴ 裁判所及び第219条第２号又は第３号に基づき関係人となった年金保険者が年金調整において必要な情報を交換するために、電子的伝達のために定められた手続（伝達手続）に参加する場合に限り、次に掲げる規定が適用される。電子的伝達は、第三者に委託することができる。

⑵ 伝達手続は、次のいずれにも該当しなければならない。

１．連邦で統一されていること。

２．情報の真正性と完全性を保障していること。

３．一般に接続可能なネットワークの使用の際には、伝達される情報の信頼性を確保する暗号化方式を用いること。

(3) 裁判所は、年金保険者に対して第220条に基づく情報提供の要請を、年金保険者は、裁判所に対して第220条に基づく情報提供及び第222条第１項に基づく意思表示を、伝達手続において伝達するものとする。

(4) 年金調整事件における裁判所の裁判は、年金保険者に、伝達手続において送達されるものとする。

(5) 年金保険者に対する裁判の送達の証明のためには、自動的に作成される受領確認が裁判所に対して電子的に伝達されることで足りる。送達の時点について基準となるのは、この受領確認に示された時点である。

第230条　（削除）

第９章　扶養事件の手続

第１節　特別の手続規定

第231条　扶養事件

(1) 扶養事件とは、〔次に掲げる事項に関する〕手続をいう。

1．親族関係によって生ずる法律上の扶養義務

2．婚姻によって生ずる法律上の扶養義務

3．民法典第1615l条又は第1615m条に基づく請求権

(2) 連邦児童手当法第３条第２項第３文及び所得税法第64条第２項第３文による手続も、扶養事件である。第235条から第245条までの規定は適用しないものとする。

第232条　土地管轄

(1)〔次に掲げる裁判所が〕専属管轄権を有する。

1．未成年者の扶養についての簡易手続を除く、婚姻当事者の共通の子のための扶養義務に関する扶養事件、又は、婚姻によって生ずる扶養義務に関する扶養事件については、婚姻事件の係属中は、婚姻事件が第一審で係属している又はしていた裁判所

2．未成年の子又は民法典第1603条第２項第２文により〔未成年の子と〕同様に扱われる子のための扶養義務に関する事件については、子又は未成年

の子のために行為する権限を有する親の一方の常居所地を管轄する裁判所。ただし、子又は親の一方が常居所を外国に有する場合はこの限りでない。

(2) 前項による管轄権は、他の裁判所の専属管轄権に優先する。

(3) 第1項による管轄が存しない限りにおいて、管轄は、民事訴訟法の規定により定まる。この場合において、普通裁判籍についての規定中「住所」とあるのは、「常居所」と読み替える。申立人の選択に従い、〔次に掲げる裁判所も〕管轄権を有する。

1．婚姻によって生ずる法律上の扶養義務に関する請求権、又は民法典第1615l条に基づく請求権を理由とする親の一方から他方に対する申立てについては、子の扶養についての手続が第一審で係属している裁判所

2．親の双方に対して扶養義務の履行を請求する子の申立てについては、親の一方に対する申立てについて管轄権を有する裁判所

3．申立ての相手方が国内に裁判籍を有しない場合は、申立人の常居所地を管轄する裁判所

第233条　婚姻事件裁判所への移送

前条第1項第1号による扶養事件が他の裁判所に第一審で係属している間に、婚姻事件が係属したときは、当該扶養事件は、職権により婚姻事件の裁判所に移送されなければならない。民事訴訟法第281条第2項及び第3項第1文の規定は、これを準用する。

第234条　補佐人による子の代理

子が、補佐人としての少年局によって代理されているときは、配慮権を有する親による代理は排除される。

第235条　関係人の手続法上の情報提供義務

(1) 裁判所は、申立人及び申立ての相手方に対し、扶養料算定のために重要である限りにおいて、その収入、財産、個人的及び経済的事情について情報を提供し、特定の証拠資料を提出するよう命ずることができる。裁判所は、申立人及び申立ての相手方に対し、情報が真実に適合し完全であることを書面

で保証するよう命ずることができる。この保証は、代理人がすることはできない。裁判所は、第１文又は第２文に基づく命令により、相当な期間を定めるものとする。裁判所は、同時に、第３項に基づく義務の負担並びに次条及び第243条第２文第３号の規定により生じ得る効果を教示しなければならない。

(2) 裁判所は、関係人の一方が請求し、関係人の他方が、手続の開始前に、求めに反して、民法典の規定に基づき存する情報提供義務に相当な期間内に従わなかった場合は、前項による措置をとらなければならない。

(3) 申立人及び申立ての相手方は、手続中に第１項による命令の対象であった事情に著しい変更が生じたときは、求めがなくとも裁判所にこれを通知する義務を負う。

(4) 本条による裁判所の命令に対しては、独立して不服を申し立てることができず、強制手段を用いて実現することができない。

第236条　第三者の手続法上の情報提供義務

(1) 裁判所は、関係人が定められた期間内に前条第１項による義務を履行しないか、完全に履行しない場合は、次に掲げる者に対し、扶養料の算定のために重要である限りにおいて、収入の額についての情報提供及び特定の証拠資料を求めることができる。

１．雇用者

２．社会保険給付者、及び、芸術家社会保険組合

３．老齢及び労働能力減少の際の年金給付並びに填補及び障害補償のための給付を行うその他の者又は機関

４．保険会社

５．財務官署

(2) 裁判所は、前項の要件が存し、他の関係人が求めるときは、前項による措置をとらなければならない。

(3) 第１項による命令は、関係人に通知されなければならない。

(4) 第１項に掲げられた者及び機関は、裁判所の命令に従う義務を負う。民事

訴訟法第390条は、官庁が関わらない場合について準用する。

(5) 本条による裁判所の命令に対しては、関係人は、独立して不服を申し立てることができない。

第237条　父子関係の確認の場合における扶養

(1) 男性に対し子のための扶養料の支払を求める申立ては、民法典第1592条第１号及び第２号又は第1593条に基づく父子関係が存しない場合は、子が未成年であり、民法典第1600d条による父子関係の確認の手続が係属しているときに限り、することができる。

(2) 父子関係の確認の手続が第一審で係属する裁判所が専属管轄権を有する。

(3) 第１項の場合において、扶養料は、最低扶養料の額で、かつ、民法典第1612a条第１項第３文による年齢区分に従い、民法典第1612b条又は第1612c条による給付を顧慮してのみ請求できる。子は、これより少ない扶養料を求めることができる。そのほかの場合は、この手続において扶養料の引下げ又は引上げを要求することはできない。

(4) 父子関係を確認する決定が確定する前、又は男性による父子関係の認知が効力を生ずる前は、扶養料の給付義務の負担に関する宣言は、効力を生じない。

第238条　裁判所の裁判の変更

(1) 本案についてされた裁判所の終局裁判が、将来履行期の到来する回帰的給付の義務負担を含む場合は、各当事者はその変更を申し立てることができる。申立ては、申立人が裁判の基礎とされた事実関係又は法律関係に重要な変更を生じる事実を主張する限りにおいて、することができる。

(2) 申立ては、前の手続の事実審理の終結後に生じた理由であって、故障の申立てによってこれを主張することができない又はできなかった理由にのみ基づくことができる。

(3) 変更は、申立てが係属した以降の期間についてすることができる。申立ては、扶養料の増額を目的とする場合は、民法典の規定により過去の扶養料を求めることができる期間についてもすることができる。申立ては、扶養料の減額を目的とする場合は、申立人によって対応する情報提供の要求又は放棄の要求がされた翌月１日以降の期間についてもすることができる。係属の１年より前の期間については、減額を求めることはできない。

⑷　事実関係又は法律関係に重要な変更がある場合は、裁判は、その基礎を維持しつつ、適合させられなければならない。

第239条　和解及び証書の変更

⑴　民事訴訟法第794条第１項第１号による和解又は執行証書が、将来履行期の到来する回帰的給付の義務を含む場合は、各当事者はいずれも、その変更を申し立てることができる。申立ては、申立人が変更を正当とする事実を主張する限りにおいて、することができる。

⑵　変更についてのその他の要件及び範囲は、民法典の規定によって定まる。

第240条　第237条及び第253条による裁判の変更

⑴　第237条又は第253条による確定した終局裁判が将来履行期の到来する回帰的給付の義務を含む場合は、第255条による争訟手続の実施の申立てが既になされていない限り、各当事者はその変更を申し立てることができる。

⑵　扶養料の減額の申立てが、〔裁判の〕確定後１か月以内にされない場合は、変更は、申立てが係属した以降の期間についてのみすることができる。１か月の期間内に、他の関係人による扶養料の増額の申立てが係属した場合は、この期間は、この手続の終結前は進行しない。期間の経過後になされた減額の申立ては、申立人によって対応する情報提供の要求又は放棄の要求がされた翌月１日以降の期間についてもすることができる。第238条第３項第４文の規定は、これを準用する。

第241条　加重責任

〔扶養料の〕減額を目的とする変更の申立ての係属は、民法典第818条第４項の適用において、給付額の返還を求める訴えの係属と同視される。

第242条　執行の暫定的停止

民事訴訟法第769条の規定は、〔扶養料の〕減額を求める変更の申立てが係属している場合、又はそのために手続費用救助許可の申立てがなされている場合について準用する。決定に対しては、不服を申し立てることができない。

第243条　費用の裁判

費用負担に関する民事訴訟法の規定と異なり、裁判所は、扶養事件において、衡平な裁量により、関係人の手続費用の負担について裁判する。この場合は、とりわけ次に掲げる事項が顧慮されなければならない。

1．扶養義務負担の期間を含む関係人の勝敗の割合
2．義務がなかった場合を除き、関係人が、手続の開始前に、収入に関する情報提供又は証拠の提出についての相手方の求めに対して応じなかった又は完全には応じなかった事情
3．関係人が、定められた期間内に第235条第１項に基づく裁判所の求めに応じなかった事情又は完全には応じなかった事情
4．民事訴訟法第93条による即時の認諾

第244条　成年であることを理由とする異議の禁止

子が満18歳に達した後に、義務者が子を扶養しなければならない場合は、民法典第1612a条の定めるところにより決定又は民事訴訟法第794条に基づくその他の〔債務〕名義において確定された扶養料請求の執行に対して、もはや未成年ではないとの異議を申し立てることはできない。

第245条　外国における強制執行のための〔物価変動に〕スライドさせた扶養名義の算定

(1)　民法典第1612a条により最低扶養料の百分率で示された額の扶養料を定める扶養名義が外国において執行されるべき場合は、申立てにより、その名義に基づき負担される扶養額が算定されるものとする。

(2)　算定については、名義に執行力のある名義の正本を付与する義務を負う裁判所、官庁又は公証人が管轄権を有する。

(3)　執行文の付与についての裁判の不服申立てに関する規定は、算定についての裁判の不服申立てについて準用する。

第２節　保全命令

第246条　保全命令についての特別規定

⑴　裁判所は、第49条とは異なり、申立てにより、保全命令によって、扶養料支払又は裁判手続費用の予納金の支払の義務を定めることができる。

⑵　裁判は、事実関係の解明又は手続の和解的解決にとり必要と思われる場合は、口頭弁論に基づいてなされる。

第247条　子の出生前の保全命令

⑴　保全命令の方法で、既に子の出生前に、最初の３か月間に子に与えられるべき扶養料及び民法典第1615l条第１項により母に帰すべき金額についての支払の義務を定めることができる。

⑵　子のための扶養料については、母も申立てをすることができる。民法典第1600d条第２項及び第３項の規定は、これを準用する。前項の場合において、子の出生前の一定の時点までにその金額を供託すべきことを命ずることもできる。

第248条　父子関係の確認における保全命令

⑴　男性に子又はその母のための扶養料の支払を求める保全命令発令の申立ては、民法典第1592条第１号及び第２号又は第1593条に基づく父子関係が存しない場合は、民法典第1600d条による父子関係の確認の手続が係属しているときに限り、することができる。

⑵　前項の場合、父子関係の確認の手続が第一審で係属する裁判所が管轄権を有する。抗告裁判所に係属している場合は、抗告裁判所が管轄権を有する。

⑶　民法典第1600d条第２項及び第３項の規定は、これを準用する。

⑷　裁判所は、男性に対し、扶養料のために一定額の担保を供すべきことを命ずることもできる。

⑸　父子関係の確認の申立てが取り下げられ、又は、既判力をもって棄却されたときは、保全命令も失効する。この場合において、保全命令を得た者は、男性に対し、保全命令の実施によって彼に生じた損害を賠償しなければならない。

第３節　未成年者の扶養についての簡易手続

第249条　簡易手続の許容性

(1)　請求を受けた親と共に一つの家政で生活しているのでない未成年の子の扶養料は、民法典第1612b条又は第1612c条による給付を顧慮する前の扶養料が、民法典第1612a条第１項による最低扶養料の1.2倍を超えない限りにおいて、申立てにより、簡易手続で定められる。

(2)　簡易手続は、申立て又はその内容についての通知が申立ての相手方に送達される時点において、子の扶養請求権について裁判所が裁判をしたか、裁判所の手続が係属しているか、強制執行に適した債務名義が作成されている場合には、許されない。

第250条　申立て

(1)　申立ては、次に掲げる事項を含まなければならない。

1．関係人、その法定代理人及び手続代理人の表示

2．申立てがされる裁判所の表示

3．子の生年月日の摘示

4．いつの時点からの扶養料を請求するかについての摘示

5．過去の扶養料を請求する場合は、民法典第1613条第１項又は第２項第２号の要件がいつ生じたかについての摘示

6．請求される扶養料の額の摘示

7．児童手当及びその他の顧慮されるべき給付（民法典第1612b条又は第1612c条）についての摘示

8．子と申立ての相手方との間に、民法典第1591条から第1593条までの規定による親子関係が存在する旨の陳述

9．子が申立ての相手方と共に一つの家政で生活していない旨の陳述

10. 子の収入額についての摘示

11. 請求権が、固有の権利、譲渡された権利又は再譲渡された権利のいずれに基づいて主張されるかについての陳述

12. 子が社会法典第12編による扶助、社会法典第２編第19条第１項第２文に

よる市民手当、社会法典第８編による教育扶助若しくは編入扶助、扶養料立替法による給付若しくは民法典第1607条第２項若しくは第３項による扶養料を得た期間について、扶養を求めない旨の陳述、又は、扶養料が、譲渡された権利に基づき、若しくは、社会法典第12編第94条第４項第２文、社会法典第２編第33条第２項第４文若しくは扶養料立替法第７条第４項第１文によって要求される限りにおいて、申し立てられた扶養料がその子への若しくはその子のための給付を超えない旨の陳述

13. 簡易手続による確定が前条第２項によって排除されていない旨の陳述

(2) 申立ては、前項及び前条に掲げられた要件を充たさない場合は、却下されなければならない。却下に先立ち、申立人の陳述を聴取しなければならない。却下に対しては、不服を申し立てることができない。

(3) 申立ての相手方のその他の子の簡易手続が裁判所に係属する場合は、裁判所は、同時の裁判を目的として、手続を併合しなければならない。

第251条　裁判所の措置

(1) 申立人の主張によれば簡易手続が許されると認められる場合は、裁判所は、申立ての相手方への申立ての送達又は申立ての内容の通知を命ずる。裁判所は、同時に、申立ての相手方に次に掲げる事項を教示する。

1. いつの時点から、及び、いくらの額の扶養料が確定され得るか。この場合は、次に掲げる事項を示さなければならない。

  a) 第１、第２及び第３の年齢区分における最低扶養料に基づく扶養料の確定が顧慮される子の年齢による期間

  b) 民法典第1612a条の場合において、各々の最低扶養料の百分率〔で示された割合〕

  c) 民法典第1612b条又は第1612c条により顧慮されるべき給付

2. 請求されている扶養料が、申立てにおいて記載された子の収入を顧慮したかどうかにつき、裁判所が審査していないこと。

3. 扶養料について、１か月以内に異議を述べなければ、これに基づいて申立人が強制執行を行いうる確定決定がされ得ること。

4．次条に基づき、いかなる異議を述べることができるか。とりわけ、支払能力が制限されているか、又は支払能力がない旨の異議は、次条第４項に定める情報が与えられ、かつ、収入についての証明が添付される場合に限り、提起できること。

申立てが外国に送達される場合は、裁判所は、第２文第３号による期間を定める。

⑵ 民事訴訟法第167条の規定は、これを準用する。

第252条　申立ての相手方の異議

⑴ 申立ての相手方は、簡易手続の適法性について異議を述べることができる。異議に理由がある場合は、裁判所は申立てを却下する。異議に理由がない場合は、裁判所は、次条に定める確定決定をもって却下しなければならない。

⑵ 前項第１文に掲げられた以外の異議、とりわけ第３項及び第４項に基づく異議は、申立ての相手方がどの範囲で扶養料給付のための用意があるか、及び、その限りにおいて扶養請求に対する履行の義務を負う旨を同時に陳述する場合に限り、述べることができる。

⑶ 履行したとの異議は、申立ての相手方がどの範囲で扶養を履行したかを明らかにし、同時に、相応する証拠を提出する場合に限り、述べることができる。

⑷ 支払能力の制限又は欠如の異議は、申立ての相手方がその収入と財産についての情報を提供し、同時に過去12か月間の収入を証明する場合に限り、述べることができる。社会法典第２編又は社会法典第12編により生計維持のための給付を受けている申立ての相手方は、これについての現在の承認決定書を提出しなければならない。自営業、貿易業並びに農業及び林業からの収入の場合は、証拠として、最後の所得税納税告知書、及び、最後の会計年度についての損益計算書又は収入余剰計算書を提出しなければならない。

⑸ 異議は、〔額の〕確定決定がされていない限りにおいてのみ、顧慮することができる。

第253条　確定決定

⑴　申立てが適法であり、かつ、異議又は前条第２項から第４項までによってすることができる異議が述べられない場合、扶養料は、第251条第１項第２文第３号に示された期間の経過後に決定で確定される。申立ての相手方が前条第２項に基づいて扶養料を支払う義務を負った場合も、決定で確定がされる。決定において、申立ての相手方が確定された扶養料を扶養権利者に支払わなければならないことが言い渡されなければならない。決定において、それまでに生じた償還可能な手続費用も、直ちに算出することができる限りにおいて、確定されなければならない。この場合に、申立人は、その算出のために必要な摘示を裁判所に通知すれば足りる。

⑵　決定において、どのような異議を抗告で主張できるか、及び、どのような要件の下で変更を求めることができるかを教示しなければならない。

第254条　異議についての通知

申立ての相手方が、適法に異議（第252条第２項から第４項まで）を述べた場合は、裁判所は、申立人にこれを通知して、関係人の申立てにより争訟手続が実施されることを教示する。

第255条　争訟手続

⑴　前条の場合に、関係人の申立てにより争訟手続が実施される。

⑵　関係人が争訟手続の実施を申し立てた場合は、扶養事件における申立ての到達後と同様に、手続が進められなければならない。第252条による異議は、答弁とみなす。

⑶　手続は、確定の申立ての送達（第251条第１項第１文）によって、係属したものとみなす。

⑷　第253条第１項第２文による確定決定が先行した場合は、将来の回帰的給付のために、扶養料が総額で定められるものとし、かつ、その限りにおいて確定決定は取り消されるものとする。

⑸　簡易手続の費用は、争訟手続の費用の一部として扱われる。

⑹　争訟手続の実施の申立てが、前条による通知の到達後６か月が経過する前

にされない場合は、第253条第２文による確定決定を超える確定の申立て、又は、第252条第２項による申立ての相手方が義務を負う旨の表示を超える確定の申立ては、取り下げられたものとみなす。

第256条　抗告

抗告では、簡易手続の適法性又は不適法性、第252条第２項から第４項までに基づく異議の適法性及び一般原則に従って不服を申し立てることができる限りにおいて、費用負担の裁判又は費用確定の誤りについての異議のみを主張することができる。抗告は、確定決定がされる前に述べられなかった第252条第２項から第４項までに基づく異議に基づく場合は、することができない。

第257条　特別の手続規定

簡易手続においては、申立て及び陳述は、裁判所事務課の文書作成官の面前で述べることができる。書式が設けられている限りにおいて、書式に記入される。文書作成官は、裁判所及び日付を摘示して、申立て又は陳述を受理したことを記載する。

第258条　機械による処理のための特則

(1)　簡易手続では、機械による処理をすることができる。民事訴訟法第702条第２項第１、第３及び第４文の規定は、これを準用する。

(2)　機械による処理の場合、決定、処分及び正本には、裁判所の公印を押す。署名は要しない。

第259条　書式

(1)　連邦司法・消費者保護省は、手続の簡素化及び統一のために、法規命令により、連邦参議院の同意を得て、簡易手続のための書式を設ける権限を有する。手続を機械によって処理する裁判所及び手続を機械によらずに処理する裁判所のために、異なる書式を設けることができる。

(2)　前項により、書式が関係人の申立て及び陳述のために設けられている限り、関係人はこれを使用しなければならない。

第260条　区裁判所の指定

(1)　州政府は、それがより迅速でより安価な処理に役立つ場合は、未成年者の扶養についての簡易手続を、法規命令により、複数の区裁判所の地区を一つの区裁判所に割り当てる権限を有する。州政府は、その権限を、法規命令により、州の司法行政機関に委譲することができる。

(2) 州政府又は州の司法行政機関が前項により手続を他の区裁判所に割り当てなかったとすれば管轄権を有したであろう区裁判所において、子は、当該他の〔＝前項により簡易手続の管轄裁判所とされた〕区裁判所におけると同様の効力で、申立て及び陳述を提出し又は述べることができる。

第10章　婚姻財産制事件の手続

第261条　婚姻財産制事件

(1) 婚姻財産制事件とは、第三者が手続の関係人となる場合であっても、婚姻財産法に基づく請求権に関わる手続をいう。

(2) 民法典第1365条第２項、第1369条第２項、第1382条、第1383条、第1426条、第1430条及び第1452条に基づく手続、並びに、2010年２月４日の選択剰余共同制の婚姻財産制に関するドイツ連邦共和国とフランス共和国との間の条約第５条第２項、第12条第２項第２文及び第17条と併せて適用される民法典第1519条に基づく手続もまた、婚姻財産制事件である。

第262条　土地管轄

(1) 婚姻事件の係属中は、婚姻事件が第一審において係属している又は係属していた裁判所が、専属管轄権を有する。この管轄権は、他の裁判所の専属管轄権に優先する。

(2) 前項に規定する場合のほか、管轄は、民事訴訟法により定まる。この場合において、普通裁判籍についての規定中「住所」とあるのは、「常居所」と読み替える。

第263条　婚姻事件の裁判所への移送

婚姻財産事件が他の裁判所に第一審で係属している間に、婚姻事件が係属したときは、当該婚姻財産事件は、職権により婚姻事件の裁判所に移送されなければならない。民事訴訟法第281条第２項及び第３項第１文の規定は、これを準用する。

第264条　支払猶予及び対象財産の引渡しの手続

(1)　民法典第1382条及び第1383条、並びに、2010年２月４日の選択剰余共同制の婚姻財産制に関するドイツ連邦共和国とフランス共和国との間の条約第12条第２項第２文及び第17条と併せて適用される民法典第1519条に基づく手続においては、裁判所の裁判は、確定により初めてその効力を生ずる。変更又は再審は排除される。

(2)　清算請求権の支払猶予の申立てについてされる決定において、裁判所は、債権者の申立てにより、債務者が清算請求権の支払につき義務を負担することをも宣告することができる。

第265条　統一的裁判

婚姻財産法上の清算請求権についての手続において、民法典第1382条第５項又は第1383条第３項に基づく申立てがされた場合、裁判は、統一的な決定によってなされる。

第11章　その他の家庭事件の手続

第266条　その他の家庭事件

(1)　その他の家庭事件とは、管轄権が労働裁判所に与えられておらず、手続が、民事訴訟法第348条第１項第２文第２号aからkまでに列挙された事件種別のいずれか、住居所有権若しくは相続権に関するものでない場合であって、既に他の規定により家庭事件とされているものでない限り、次に掲げる請求権に関する手続をいう。

1．互いに婚約し又はかつて婚約していた者の間の婚約の終了に関する請求権、並びに、民法典第1298条及び第1299条の場合における婚約当事者の一方と第三者との間の請求権

2．婚姻〔関係〕から生じる請求権

3．互いに婚姻し若しくはかつて婚姻していた者の間の請求権、又は、婚姻当事者の一方と親の一方の間の別居、離婚若しくは婚姻の取消しに関する

請求権

4．親子関係から生じる請求権

5．交流権から生じる請求権

(2) 民法典第1357条第2項第1文に基づく申立てに関する手続もまた、その他の家庭事件である。

第267条　土地管轄

(1) 婚姻事件の係属中は、婚姻事件が第一審において係属している又は係属していた裁判所が、専属管轄権を有する。この管轄権は、他の裁判所の専属管轄権に優先する。

(2) 前項に規定する場合のほか、管轄は、民事訴訟法に従って定まる。この場合において、普通裁判籍についての規定中「住所」とあるのは、「常居所」と読み替える。

第268条　婚姻事件裁判所への移送

その他の家庭事件が他の裁判所に第一審で係属している間に、婚姻事件が係属したときは、当該その他の家庭事件は、職権により婚姻事件の裁判所に移送されなければならない。民事訴訟法第281条第2項及び第3項第1文の規定は、これを準用する。

第12章　生活パートナーシップ事件の手続

第269条　生活パートナーシップ事件

(1) 生活パートナーシップ事件とは、次に掲げる事項を対象とする手続をいう。

1．生活パートナーシップ法に基づく生活パートナーシップの取消し

2．生活パートナーシップの存否の確定

3．共通の子に関する親の配慮、交流権又は引渡し

4．養子縁組及び養子縁組についての同意の代行

5．生活パートナーシップ法第14条又は第17条による住居の割当に関する事件

6. 生活パートナーシップ法第13条又は第17条による家財事件
7. 生活パートナーの年金調整
8. 生活パートナーの共通の未成年の子のための法律上の扶養義務
9. 生活パートナーシップによって設定された法律上の扶養義務
10. 第三者が手続の関係人となる場合であっても、生活パートナーシップの財産制に基づく請求権
11. 民法典第1365条第2項、第1369条第2項、第1382条、及び第1383条と併せて適用される生活パートナーシップ法第6条に基づく裁判
12. 民法典第1426条、1430条若しくは1452条と併せて、又は、民法典第1519条及び2010年2月4日の選択剰余共同制の婚姻財産制に関するドイツ連邦共和国とフランス共和国との間の条約第5条第2項、第12条第2項第2文若しくは第17条と併せて適用される、生活パートナーシップ法第7条に基づく裁判

(2) その他の生活パートナーシップ事件とは、管轄権が労働裁判所に与えられておらず、手続が、民事訴訟法第348条第1項第2文第2号aからkまでに列挙される事件種別の手続、住居所有権若しくは相続権に関するものであって、既に他の規定により生活パートナーシップ事件とされているものでない限り、次に掲げる事項を対象とする手続をいう。

1. 民法典第1298条から第1301条までの規定と併せて適用される2018年12月18日以前に適用された生活パートナーシップ法第1条第4項第2文による請求権
2. 生活パートナーシップに基づく請求権
3. 互いに生活パートナーシップにある若しくはあった者の間、又は、生活パートナーの一方と親の一方との間の、生活パートナーシップの解消又は取消しに関連する請求権

(3) 民法典第1357条第2項第1文と併せて適用される生活パートナーシップ法第8条第2項に基づく申立てについての手続もまた、その他の生活パートナーシップ事件である。

第270条　準用規定

⑴　離婚手続に適用される規定は、前条第１項第１号に規定する生活パートナーシップ事件について、当事者間の婚姻の存否の確定手続に適用される規定は、前条第１項第２号に規定する生活パートナーシップ事件について準用する。第111条第２号、第４号、第５号及び第７号から第９号までに規定する家庭事件にその都度適用される規定は、前条第１項第３号から第12号までに規定する生活パートナーシップ事件について準用する。

⑵　第111条第10号に規定するその他の家庭事件に適用される規定は、前条第２項及び第３項に規定するその他の生活パートナーシップ事件について準用する。

第３編　世話事件及び収容事件の手続

第１章　世話事件の手続

第271条　世話事件

世話事件とは、次に掲げる事件をいう。

1．世話人の選任の手続及び世話の終了の手続
2．同意留保命令の手続
3．成年者の法的世話（民法典第1814条から第1881条まで）に関するその他の手続。ただし、収容事件を除く。

第272条　土地管轄

(1)　次に掲げる順位で、〔次に掲げる裁判所が〕専属管轄権を有する。

1．世話人が既に選任されている場合には、世話が係属している裁判所
2．事件本人の常居所地を管轄する裁判所
3．保護の必要性が生じている地を管轄する裁判所
4．事件本人がドイツ人である場合には、ベルリンのシェーネベルク区裁判所

(2)　第300条の規定による保全命令又は仮の処分については、保護の必要性が判明した地を管轄する裁判所も管轄権を有する。この場合には、裁判所は、前項第１号、第２号又は第４号の規定に基づき管轄権を有する裁判所に対し、命じられた措置について通知するものとする。

第273条　常居所の変更の場合の移送

第４条第１文に規定する移送をする重大な事由は、原則として、事件本人の常居所が変更し、世話人の職務が主に新たな常居所で行われるべきである場合に、認められる。１年を超えて他の場所に事実上滞在する場合は、常居所の変更と同様とする。

第274条　関係人

(1)　次に掲げる者は関係人となる。

1．事件本人

2．その職務範囲に関する限りで、世話人

3．その職務範囲に関する限りで、民法典第1814条第３項第２文第１号に規定する任意代理人

⑵　手続保護人は、選任されることにより、関係人として手続に関与する。

⑶　管轄官庁は、その申立てにより、次の各号に掲げる事項に関する手続に関係人として参加させられなければならない。

1．世話人の選任又は同意留保命令

2．第１号に掲げられた種類の裁判の範囲、内容又は存在

⑷　次に掲げる者は関係人となることができる。

1．前項に掲げられた手続において、事件本人の利益のために、事件本人がその婚姻の相手方又は生活パートナーと継続して別居していない場合は事件本人の婚姻の相手方又は生活パートナー、並びに、事件本人の両親、養親、祖父母、卑属、兄弟姉妹及び事件本人にとって親しい者

2．国庫の代理人。ただし、国庫の利益が手続の結果に関わり得る場合に限る。

第275条　事件本人の手続上の地位

⑴　世話事件においては、事件本人は、行為能力の有無に関わらず、手続能力を有する。

⑵　裁判所は、手続を開始する際に、事件本人に対して、世話人の職務、予想される手続の進行及び世話人の選任により一般的に生じ得る費用について、できる限り受け手にとって適切に教示する。

第276条　手続保護人

⑴　裁判所は、事件本人の利益を擁護するために必要なときは、事件本人のために適格な手続保護人を選任する。次に掲げる場合には、原則として、その選任が必要である。

1．第34条第２項と併せて適用される第278条第４項の規定により事件本人に対し本人の陳述聴取が行われないとき。

2．世話人の選任又は同意留保命令が事件本人の表示された意思に反して行

われるとき。

(2) 前項第２文の場合において、手続保護人の選任について事件本人の利益が存在しないことが明らかであるときは、手続保護人の選任をしないことができる。選任をしないときは、その理由を付さなければならない。

(3) 手続保護人は事件本人の希望、予備的にその推定される意思を確認し、これを裁判手続において主張しなければならない。手続保護人は手続の対象、経過及び予想される帰結を、適切な方法で事件本人に知らせ、必要に応じて、事件本人が手続においてその権利を行使する際に、事件本人を援助しなければならない。手続保護人は、事件本人の法定代理人ではない。

(4) 手続保護人には自然人が選任されなければならない。職業活動として手続保護を行う者は、名誉職として手続保護を行う適格な者がいない場合にのみ、手続保護人に選任されるものとする。

(5) 事件本人の利益が弁護士その他の適格な手続代理人によって代理される場合、手続保護人の選任を行わず、又はその選任を取り消すものとする。

(6) 手続保護人の選任は、それ以前に取り消されていない場合、裁判の確定その他の事由による手続の終結により終了する。

(7) 手続保護人の選任又はその取消し並びにこれらの措置の拒絶に対しては、独立して不服を申し立てることができない。

(8) 手続保護人には、費用を負担させることができない。

第277条　手続保護人の報酬と費用の償還

(1) 手続保護人は無報酬で行われる。手続保護人は民法典第1877号第１項から第２項及び第４項第１文の規定に基づき費用の償還を受ける。前払金は請求することができない。

(2) 手続保護が例外的に職業として行われる場合、このことは選任の際に確認されなければならない。職業として従事する手続保護人の報酬及び費用償還の請求権は、後見人及び世話人報酬法第２条第２項第１文及び第３条から第５条までの規定に従う。

(3) 裁判所は、保護業務の実施に必要な時間が予測可能であり、手続保護人によりその時間が全て費やされることが保証される場合には、前項の規定による費用償還及び報酬に代えて、手続保護人のために概算額を承認することができる。その金額を算出する際には、予想される必要な時間について、後見人及び世話人報酬法第3条第1項に定められた時間当たりの単価に、見積もられた時間当たり4ユーロの定額経費を加えた額の報酬を与えられなければならない。この場合において手続保護人は、費やした時間と利用した方法を証明することを要しない。追加的な費用の償還請求権及び報酬請求権は認められない。

(4) 手続保護人の費用償還と報酬は、常に国庫から支出しなければならない。第292条第1項及び第5項の規定は、これを準用する。

第278条　事件本人に対する本人の陳述聴取

(1) 裁判所は、世話人を選任し、又は同意留保を命ずる前に、事件本人に対し本人の陳述聴取をし、その希望を尋ねなければならない。裁判所は、事件本人について本人の印象を獲得しなければならない。裁判所は、事件本人が請求したとき、又は事案の解明に資する場合において事件本人からの異議がないときは、事件本人の通常の環境において本人の印象を獲得するものとする。

(2) 裁判所は、陳述聴取において、手続、伝達された鑑定結果、世話人として考えられる人又は機関、職務範囲、及び、裁判所が世話又は同意留保命令の取消し又は延長について判断をしなければならない期限について、事件本人と討論する。適切な場合には、事件本人に対し、事前代理権〔Vorsorgevollmacht〕を利用することができること、その内容、及び連邦公証人規則第78a条第2項の規定により事前代理権中央登録簿〔der zentralen Vorsorgeregister〕にその登録をすることができることを教示しなければならない。裁判所が第276条の規定により事件本人のために手続保護人を選任したときは、本人の陳述聴取は手続保護人の在廷の下で行うものとする。

(3) 第1項の規定による手続行為は、自ら事件本人の印象を獲得しなくとも裁判をすることができると認められる場合に限り、司法共助の方法により行うことができる。

⑷　本人の陳述聴取により、事件本人の健康に重大な不利益が生ずるおそれがあることを理由に、第34条第２項の規定に基づき、これをしないものとする場合、この判断は医学的鑑定意見に基づいてのみすることができる。この理由により本人の陳述聴取が行われないときは、本人の印象を獲得する必要もない。

⑸　裁判所は、事件本人が第１項の規定による手続行為に協力することを拒絶した場合には、管轄官庁を通じて事件本人を勾引することができる。

⑹　官庁は、裁判所が裁判により明示的に命じた場合にのみ、実力を用いることができる。管轄官庁は、必要な場合に、警察の執行機関の援助を求める権限を有する。

⑺　事件本人の住居を、事件本人の同意なく、強制的に開扉し、立ち入り、捜索することができるのは、裁判所が、このことを陳述聴取のための事件本人の勾引について明示的に命じた場合に限る。差し迫った危険があるときは、前文の規定による命令は、管轄官庁がすることができる。この規定は、基本法第13条第１項の規定による住居の不可侵に対する基本権を制限するものである。

第279条　その他の関係人、世話官庁及び法定代理人の陳述聴取

⑴　裁判所は、世話人を選任し、又は同意留保を命ずる前に、その他の関係人の陳述を聴取しなければならない。

⑵　裁判所は、世話人を選任し、又は同意留保を命ずる前に、管轄官庁の陳述を聴取しなければならない。陳述聴取は、次条の規定に基づき鑑定の前に行うものとし、とりわけ次に掲げる基準に則して行うものとする。

1．事件本人の人的、健康的及び社会的状況

2．適切な他の支援を含めた世話の必要性（民法典第1814条第３項）

3．名誉職として行う者の優先を顧慮した世話人の選択（民法典第1816条）

4．これらに関する事件本人の見方

⑶　裁判所は、事件本人が請求する場合には、著しい遅滞が生じることなくすることができる限り、事件本人の近しい者の陳述を聴取しなければならない。

⑷　裁判所は、未成年者のために世話人を選任し、又は同意留保を命ずる場合（民法典第1814条第５項及び第1825条第４項）には、事件本人の法定代理人の陳述を聴取しなければならない。

第280条　鑑定

⑴　世話人を選任し、又は同意留保を命ずる前に、これらの措置の必要性について鑑定により法定の証拠調べがなされなければならない。鑑定人は、精神科の医師又は精神科の領域で経験のある医師であるものとする。

⑵　鑑定人は、鑑定結果を報告する前に、事件本人に対しその本人の検査又は問診をしなければならない。鑑定人は、鑑定意見を作成する際に、前条第２項第２文の規定による陳述聴取の結果があるときは、これを顧慮しなければならない。

⑶　鑑定意見は、次の各号に掲げる事項を含まなければならない。

1．病気又は障害の進行を含む状況

2．実施された検査及びその基礎とされた研究上の知見

3．事件本人の身体的及び精神的状態

4．病気や障害に基づき医学的見地から必要な援助の必要性

5．予想される措置の期間

第281条　医師の診断、鑑定が不要な場合

⑴　事件本人が世話人の選任の申立てをし、鑑定の実施を放棄した場合で、かつ、とりわけ世話人の職務範囲の観点から鑑定が不相応である場合には、前条の規定による鑑定人による鑑定に代えて、医師の診断で足りる。

⑵　前条第２項の規定を準用する。

第282条　要介護の確定のための鑑定意見が存在する場合

⑴　社会法典第11編第18条の規定に基づく要介護の確定のための既存の医学的鑑定意見を利用することにより、事件本人において、病気又は障害を原因と

して、どの範囲で世話人の選任のための要件が存在するのかを確定することができる限りで、裁判所は、世話人を選任する手続において、鑑定（第280条第1項）を行わないことができる。

⑵ 裁判所は、この鑑定意見及びそのために提出された所見を、新たな鑑定を避けるために、介護保険基金〔Pflegekasse〕に請求することができる。裁判所は、請求の際に、鑑定意見と所見の利用目的を述べなければならない。裁判所は、伝達された情報が利用目的に適しないことを確認した場合、その情報を遅滞なく消去しなければならない。

⑶ 裁判所は、世話人を選任する手続において得られた鑑定意見及び所見が、新たな鑑定の全部又は一部に代替するものとして適したものであるとの確信に至った場合、これを転用する前に、事件本人又は手続のための保護人の同意を得なければならない。同意がされない場合、裁判所は伝達された情報を遅滞なく消去しなければならない。

⑷ 裁判所は、前3項に規定する要件の下で、世話人を選任するためのその他の要件の存在を確信する場合、第280条の規定による鑑定を全てしないことができる。

第283条　検査のための勾引

⑴ 裁判所は、事件本人が鑑定意見の準備のために検査を受けること及び管轄官庁を通じて検査を受けさせるために勾引されることを命ずることができる。事前に事件本人に対し本人の陳述聴取をするものとする。

⑵ 官庁は、裁判所が裁判により明示的に命じた場合にのみ、実力を用いることができる。管轄官庁は、必要な場合に、警察の執行機関の援助を求める権限を有する。

⑶ 事件本人の住居を、その同意なく、強制的に開扉し、立ち入り、捜索することができるのは、裁判所が、このことを、検査のための勾引について明示的に命じた場合に限る。この命令の前に、事件本人に対する本人の陳述聴取をしなければならない。この命令は、差し迫った危険があるときは、管轄官庁が、事前に事件本人の陳述聴取をすることなく行うことができる。この規

定は、基本法第13条第１項の規定による住居の不可侵に対する基本権を制限するものである。

第284条　鑑定のための収容

⑴　裁判所は、鑑定人の陳述聴取後に、鑑定意見の準備に必要な範囲で、事件本人を一定期間施設に収容し、観察することを、決定することができる。事件本人に対して、事前に、本人の陳述聴取をしなければならない。

⑵　収容は、６週間を超えてはならない。この期間が鑑定に必要な知見を得るために十分でない場合、裁判所は、決定で、収容を通算で３か月まで延長することができる。

⑶　前条第２項及び第３項の規定を準用する。前２項の規定による決定に対しては､民事訴訟法第567条から第572条までの規定による即時抗告がなされる。

第285条　世話処分又は事前代理権の調査及び引渡

⑴　世話人を選任する前に、裁判所は、事件本人の事前代理権又は世話処分が事前代理権中央登録簿に登録されているかどうかについて、情報を得るものとする。裁判所は、差し迫った危険があることのみを理由に情報を取得しなかったときは、事後的に遅滞なく情報を取得しなければならない。

⑵　民法典第1820条第１項第２文、第４項第１文及び第２文並びに第５項第３文に規定された場合において、所定の文書の写しの提出命令又は委任状の引渡命令は、決定で行う。民法典第1816条第２項第４文に規定されている世話処分の送付命令についても同様とする。

第286条　決定主文の内容

⑴　世話人を選任する場合、決定主文には次に掲げる事項をも含む。

1．個別の職務事項の挙示による世話人の職務範囲の表示

2．社団世話人を選任する場合には、社団世話人である旨の表示及び社団の表示

3．官庁世話人を選任する場合には、官庁世話人である旨の表示及び官庁の表示

4．職業世話人を選任する場合には、職業世話人である旨の表示

(2) 同意留保を命ずる場合、決定主文には同意を必要とする意思表示の範囲の表示を含む。

(3) 決定主文には、前２項の規定による措置の取消し又は延長について、裁判所がどの時点までに裁判をしなければならないのかを表示しなければならない。

第287条　決定の効力発生

(1) 世話人選任の範囲、内容又は存在についての決定、同意留保の命令についての決定又は第300条の規定による保全命令の発令についての決定は、世話人に告知されたときに効力を生ずる。

(2) 世話人に告知することができない場合又は危険が差し迫っている場合には、裁判所は、決定が即時に効力を生ずることを命ずることができる。この場合において、決定は次に掲げる時点に効力を生ずる。

1．決定及び〔決定に〕即時に効力を生じさせる命令が事件本人又は手続保護人に告知された時点

2．決定及び〔決定に〕即時に効力を生じさせる命令が第１号の告知のために裁判所事務課に交付された時点

〔決定が〕即時に効力を生じる時点は、決定に記載しなければならない。

(3) 民法典第1829条第２項の規定による許可をその内容とする決定は、世話人又は任意代理人への告知及び手続保護人への告知後、２週間の経過により初めて効力を生じる。

第288条　告知

(1) 決定理由の事件本人への告知は、医師の診断により、事件本人の健康に重大な不利益が生ずることを避けるために必要であると認められる場合、これを行わないことができる。

(2) 裁判所は、世話人選任の決定若しくは同意留保命令についての決定、又はこれらの措置の範囲、内容又は存在についての決定を、常に管轄官庁に告知しなければならない。その他の決定は、決定がされる前に管轄官庁の陳述聴取がされた場合には、管轄官庁に告知されなければならない。

第289条　（削除）

第290条　選任に関する証書

(1) 世話人は、選任に関する証書を受け取る。その証書には、次に掲げる事項を含むものとする。

1. 事件本人及び世話人の表示
2. 社団世話人又は官庁世話人が選任された場合には、その旨の表示及び社団又は官庁の表示
3. 個別の職務事項の挙示により表示される世話人の職務範囲
4. 同意留保が命じられた場合には、同意を必要とする意思表示の範囲
5. 保全命令により仮の世話人が選任された場合には、保全措置の終了
6. 民法典第1859条及び第1860条による免除についての記載

(2) 事件本人の正当な利益を守るために必要であり、かつ、法的取引の保護に反しない限り、裁判所は、世話人の申立てにより、世話人の職務領域に関する記載又は同意留保命令を、限定的にのみ示す追加の証書を作成する。

(3) 世話人は、その任務の終了後、選任証書及び前項の規定による追加の証書を裁判所に返還しなければならない。

第291条　世話人の選択の審査

事件本人は、社団又は官庁が世話の実施を委託した者の選択について、裁判所の裁判により審査することを請求することができる。裁判所は、事件本人の提案が重大な事由なく応じられなかった場合、又は選択された者が世話の実施に適していないと認められる場合、社団又は官庁に対して別の者を選択させることができる。第35条は、これを適用しない。

第292条　世話人に対する支払、命令権限の付与

(1) 裁判所は、世話人又は事件本人の申立て又は裁量に基づき、決定で、次に掲げる事項を定めることができる。

1. 世話人が国庫からの支払を求めることができるとき（民法典第1879条）又は財産配慮が世話人に委託されていないときに限り、世話人に支払われる前払金、又は世話人に償還される費用若しくは概算費用

2．名誉職世話人に許可される報酬又は分割払金（民法典第1876条）

3．後見人及び世話人の報酬に関する法律に基づき職業世話人又は世話社団に許可される報酬

(2) 裁判所は、後見人及び世話人の報酬に関する法律第15条第２項第１文の要件が存する場合は、世話人又は世話社団の申立てに基づき、前項第３号によって許可される報酬を、将来の期間についても、決定で確定することができる。報酬の支払は、後見人及び世話人の報酬に関する法律第15条第１項第１文の定める期間毎に当該期間についてされる。確定〔された額〕は、２年を超えない範囲で予め確定された一定期間ごとに、定期的に見直さなければならない。

(3) 申立てには、事件本人の個人的状況及び経済状況が記載されるものとする。民事訴訟法第118条第２項第１文及び第２文の規定は、これを準用する。裁判所の自由な心証によれば、事件本人の個人的状況及び経済状況の調査に要する費用が国庫から支弁されるべき請求権の額又は事件本人が前もってなすべき支払の額と均衡しないと判断される場合は、裁判所は、追加の審理をすることなく給付されるべき額を確定し、又は事件本人がなすべき支払の確定を見合わせることができる。

(4) なすべき支払が確定される前に、事件本人の陳述を聴取しなければならない。

(5) 確定の申立てがされないときは、国庫から請求されうる支払について、現金支出に関する証人への補償の際の手続についての規定を準用する。

(6) 州政府は、法規命令により、本条第１項及び第２項による申立てのために書式を設ける権限を有する。書式が設けられている限り、職業世話人又は世話社団は、これを使用しなければならず、かつ、書式がそのために定められている限り、電子的文書として提出しなければならない。そうでなければ、民法典第1875条第２項及び後見人及び世話人の報酬に関する法律第１条の意味において適式な主張は、存しない。州政府は、第１文による権限を、法規命令により、州の司法行政機関に委譲することができる。

第292a条　国庫への支払

⑴　裁判所は、前条第１項による確定と同時に、事件本人が民法典第1880条第２項及び第1881条第１文に基づいて国庫に対してなすべき支払の額及び時点を確定する。裁判所は、それが目的に適うときは、〔国庫に対して〕なすべき支払の額及び時点を、〔本条の確定と〕別に確定することができる。民事訴訟法第120条第２項及び第３項並びに第120a条第１項第１文から第３文までの規定を準用する。

⑵　事件本人が死亡した場合は、裁判所は、その相続人が民法典第1881条第２文に基づき国庫に対してなすべき支払の額及び時点を確定する。相続人は、そのために必要な情報を裁判所に提供する義務を負い、とりわけ、裁判所に対して、その求めに応じて相続財産に属する財産の目録を提出し、最もよく知るところ及び良心に従って可能な限り完全に内容を申告したことについて、宣誓に代わる保証をしなければならない。

⑶　裁判の前に、事件本人又はその相続人の陳述を聴取しなければならない。

第293条　世話又は同意の留保の拡張

⑴　世話人の職務範囲の拡張及び同意を要する意思表示の範囲の拡張については、これらの措置の命令に関する規定を、準用する。裁判所は、事件本人が請求するとき又は事案の解明に必要なときに限り、管轄官庁の陳述を聴取しなければならない。

⑵　次に掲げる場合は、第278条第１項による事件本人の陳述聴取及び鑑定又は医師の診断の実施（第280条及び第281条）を要しない。

１．これらの手続行為が６か月以内に行われているとき。

２．第１項によって意図された拡張が本質的でないとき。

世話人の職務範囲の本質的な拡張は、とりわけ、身上監護又は民法典第1815条第２項若しくは又は第1829条から第1832条までに掲げられた職務が、初めて全部又は一部含まれる場合に存在する。

⑶　前項にかかわらず、裁判所は、事件本人の病態及び障害の変化ではなく、事件本人の生活環境の変化又は他の支援の効果が不十分であることを理由に

世話人の職務範囲を拡張する場合は、鑑定や医師の診断の実施を見合わせることができる。

(4) 前３項の規定は、職務範囲の拡張が、民法典第1817条による更なる世話人の選任と結びつけられる場合について準用する。

第294条　世話又は同意の留保の取消し及び制限

(1) 第279条第１項、第３項及び第４項並びに第288条第２項第１文の規定は、世話又は同意の留保の命令の取消し及び世話人の職務範囲又は同意を要する意思表示の範囲の制限について準用する。裁判所は、事件本人が請求するとき又は事案の解明のために必要なときに限り、管轄官庁の陳述を聴取しなければならない。

(2) 裁判所が、第281条第１項第１号により鑑定の実施を見合わせた場合において、世話の取消し又は職務範囲の制限についての事件本人の申立てが初めて斥けられるべきときは、鑑定は追完されなければならない。

(3) 世話又は同意の留保の取消しについて、裁判所は、これらの措置の命令の後、遅くとも７年の間に、裁判しなければならない。その措置が事件本人の明らかにされた意思に反して命じられた場合には、その命令から遅くとも２年の間に、その取消しについての最初の裁判がなされなければならない。

第295条　世話又は同意の留保の延長

(1) 世話人の選任又は同意の留保の命令の延長については、これらの措置の最初の命令に関する規定を準用する。鑑定の新たな実施は、事件本人に対する本人の陳述聴取及び医師の診断から、世話の必要性の範囲が明らかに減少しておらず、〔その措置の〕延長が事件本人の明らかにされた意思に反しないことが判明する場合には、見合わせることができる。裁判所は、事件本人が請求するとき又は事案の解明のために必要なときに限り、管轄官庁の陳述を聴取しなければならない。

(2) 世話又は同意の留保の延長については、裁判所は、これらの措置の命令の後、遅くとも７年の間に、裁判しなければならない。その措置が事件本人の明らかにされた意思に反して命じられた場合には、最初の延長については遅くとも２年の間に、裁判しなければならない。

第296条　世話人の解任及び新たな世話人の選任

⑴　裁判所は、事件本人が世話人の解任（民法典第1868条）について異議を述べる場合は、事件本人及び世話人に対して、本人の陳述聴取をしなければならない。

⑵　新たな世話人を選任する（民法典第1869条）前に、裁判所は、事件本人に対して本人の陳述聴取をしなければならない。事件本人が世話人の交代について同意したときは、第１文は適用されない。第279条第１項、第３項及び第４項の規定は、これを準用する。裁判所は、事件本人が請求するとき又は事案の解明のために必要なときに限り、管轄官庁の陳述を聴取しなければならない。

第297条　不妊手術

⑴　裁判所は、不妊手術への同意に対する許可（民法典1830条第２項）の前に、事件本人に対する本人の陳述聴取をし、事件本人について本人の印象を獲得しなければならない。裁判所は、事件本人に対し、予想される手続の進行について教示をしなければならない。

⑵　裁判所は、事件本人が請求する場合、又は事案の解明に資する場合、管轄官庁の陳述を聴取しなければならない。

⑶　裁判所は、その他の関係人の陳述を聴取しなければならない。事件本人が請求する場合、裁判所は、著しい遅滞が生ずることなくすることができるときは、本人の近しい者の陳述を聴取しなければならない。

⑷　前３項の規定による手続行為は、受託裁判官がこれを行うことはできない。

⑸　事件本人が弁護士その他の適格な手続代理人によって代理されていない限り、手続保護人は、常に選任される必要がある。

⑹　許可は、医学的、心理学的、社会学的、特殊教育学的及び性教育学的観点を含む鑑定人の鑑定意見が法定の方式による証拠調べとして得られた後になされなければならない。鑑定人は、鑑定意見を作成する前に、事件本人に対

して、本人の検査又は問診をしなければならない。鑑定人と〔不妊手術を〕実施する医師は別人でなければならない。

(7) 許可は、不妊手術に対する同意についての裁判のために選任された世話人及び次に掲げる者に告知されたときに効力を生ずる。

1．手続保護人

2．手続保護人が選任されていない場合は、手続代理人

(8) 許可についての裁判は常に事件本人自身に告知しなければならない。事件本人への理由の告知は省くことができない。裁判は、常に管轄官庁に告知しなければならない。

第298条　民法典第1829条の場合における手続

(1) 裁判所は、前もって事件本人に対して本人の陳述聴取をしたときに限り、世話人又は任意代理人の同意、不同意又は同意の撤回（民法典第1829条第1項、第2項及び第5項）を許可することができる。裁判所は、その他の関係人の陳述を聴取するものとする。裁判所は、〔手続の〕著しい遅延なしに可能である場合には、事件本人の求めにより、事件本人に近しい者の陳述を聴取しなければならない。

(2) 手続の対象が民法典第1829条第2項に基づく許可である場合は、常に手続保護人の選任を要する。

(3) 許可の前に、鑑定人による鑑定が実施されなければならない。鑑定人は、〔事件本人の〕治療にもあたる医師ではないものとする。

第299条　その他の許可手続における本人の陳述聴取

裁判所は、民法典第1833条第3項又は第1820条第5項第2文に基づく裁判の前に、事件本人に対して本人の陳述聴取をしなければならない。裁判所は、第1850条から第1854条までに基づく裁判の前に、事件本人に対して本人の陳述聴取をするものとする。

第300条　保全命令

(1) 裁判所は、次のいずれにも該当する場合に、保全命令により仮の世話人を選任し、又は仮の同意の留保を命ずることができる。

1. 世話人の選任又は同意の留保の命令のための要件が満たされていると解される急迫の事情があり、即時の措置が差し迫って必要であること。

2. 事件本人の状態についての医師の診断があること。

3. 第276条の場合において、手続保護人が選任され、かつ、その陳述が聴取されていること。

4. 事件本人に対して本人の陳述聴取がされたこと。

第278条第3項とは異なり、司法共助の方法による事件本人の陳述聴取はすることができる。

⑵ 裁判所は、解任のための要件が満たされていると解される急迫の事情があり、即時の措置が差し迫って必要である場合には、保全命令により世話人を解任することができる。

第301条　緊急性が高まった場合における保全命令

⑴ 遅滞のおそれがある場合に、裁判所は、事件本人に対する本人の陳述聴取並びに手続保護人の陳述聴取及び選任の前であっても、前条に基づく保全命令を発することができる。これらの手続行為は遅滞なく追完されなければならない。

⑵ 裁判所は、遅滞のおそれがある場合は、世話人の選択に際し、民法典第1816条第2項及び第3項に拘束されない。

第302条　保全命令の期間

保全命令は、裁判所がそれより早い時点を定めない限り、6か月後に失効する。保全命令は、その都度の鑑定人の陳述聴取を経たさらなる保全命令により、通算して1年間まで延長することができる。

第303条　抗告に関する補充規定

⑴ 管轄官庁は、次に掲げる事項についての裁判に対して、抗告権を有する。

1. 世話人の選任又は同意の留保の命令

2. 前号に掲げる措置の範囲、内容又は存在

⑵ 次に掲げる者は、第一審において関係人となっていた場合、事件本人のために、職権によってされた裁判に対する抗告権を有する。

1．事件本人がその婚姻の相手方又は生活パートナーと継続して別居していない場合は事件本人の婚姻の相手方又は生活パートナー、並びに、事件本人の両親、祖父母、里親、卑属及び兄弟姉妹

2．事件本人が親しい者

(3) 手続保護人は、抗告権を有する。

(4) 世話人又は事前代理人は、その職務範囲に関する裁判に対して、事件本人の名においても、抗告を提起することができる。複数の世話人又は事前代理人がその職務を共同して執行しているときは、そのいずれもが事件本人のために単独で抗告を提起することができる。

第304条　国庫の抗告

(1) 国庫の利益が決定に関わる限りにおいて、国庫の代理人は、抗告権を有する。国庫の代理人が、世話人が計算を誤ってなしたこと、又は、民法典第1816条第5項に基づき選任された世話人の代わりに、一人又は複数の他の適切な者が職業活動としてではなく被世話人を世話することができることを主張した場合は、世話人の解任を斥ける決定に対し、国庫の代理人は抗告をすることができる。

(2) 国庫の代理人による抗告の提起のための期間は3か月間であり、国庫に対する無方式の通知（第15条第3項）とともに開始する。

第305条　被収容者の抗告

事件本人は、収容されている場合は、収容されている地区の区裁判所にも、抗告を提起することができる。

第306条　同意の留保の取消し

同意の留保を命ずる決定が不当なものとして取り消される場合に、事件本人によって又は事件本人に対してされた法律行為の効力は、影響を受けない。

第307条　世話事件における費用

世話事件において、民法典第1814条から第1881条までに基づく世話措置が斥けられ、不当なものとして取り消され、制限され、又はそのような措置についての裁判がされずに手続が終結するときは、裁判所は、事件本人の出費が目的

にかなった権利の追行のために必要であった限りにおいて、その全部又は一部を国庫に負担させることができる。

第308条　裁判の通知

(1) 裁判所は、事件本人の正当な利益を顧慮し、それが事件本人の福祉、第三者又は公共の安全のために重大な危険を回避するために必要である限りにおいて、裁判を、他の裁判所、官庁又はその他の公的機関に通知する。

(2) 裁判所の手続の進行中に、手続の終結前に前項による通知を必要とする知見が得られる場合は、既に得られた知見について、この通知が遅滞なく行われなければならない。

(3) 裁判所は、通知と同時に、事件本人、事件本人の手続保護人及び事件本人の世話人に対して、通知の内容及び受領者を教示する。事件本人への教示は、次に掲げる場合には行われない。

1．教示により、手続の目的又は通知の目的が危険にさらされるであろうとき。

2．医師の診断によれば、これにより事件本人の健康に対する重大な不利益があるおそれがあるとき。

3．裁判所の直接的な印象によれば、事件本人が明らかに教示の内容を理解できる状態にないとき。

前文による事由がなくなった場合は、直ちに教示が追完されなければならない。

(4) 通知の内容、その伝達の種類及び方法、その受領者、事件本人への教示、又はそれがされない場合にはその理由並びに手続保護人及び世話人への教示は、記録しなければならない。

第309条　住民登録署への通知

事件本人の居所の指定に及ぶ同意の留保が命じられる場合に、裁判所は、世話人を摘示してこれを住民登録局に通知しなければならない。第１文による同意の留保が取り消された場合、又は、世話人の変更が生じた場合も、通知がされなければならない。

第309a条　世話官庁への通知

⑴　裁判所は、事件本人の死亡により世話が終了したときは、これを世話官庁に通知しなければならない。

⑵　裁判所は、世話人の適性又は信頼性に関する事情を、世話官庁に通知することができる。それと同時に、裁判所は、通知したこと及びその内容を世話人に教示する。世話人に対する教示は、これによって通知の目的が危険にさらされるときは、行われない。教示は、前文による事由がなくなった場合は直ちに追完されなければならない。

第310条　自由の剥奪を伴う収容又は措置中の通知

自由の剥奪を伴う収容又は措置の期間中、裁判所は、居所の指定又は上記の収容措置についての決定を含む世話人の選任、その世話の取消し及び世話人についてのあらゆる変更について、収容措置が実施された施設の管理者に通知しなければならない。

第311条　刑事訴追のための通知

この法律のその他の規定、裁判所構成法施行法第16条並びに少年裁判所法第70条第１項第２文及び第３文に掲げられた場合を除き、裁判所は、事件本人の人物を知ることのできる裁判又は手続から得られた知見を、通知されないことについての事件本人の保護に値する利益が優越しない限りで、犯罪行為又は秩序違反の追及のためにのみ、職権で、他の裁判所又は官庁に通知することができる。第308条第３項及び第４項の規定は、これを準用する。

第２章　収容事件の手続

第312条　収容事件

収容事件とは、次に掲げる事項の許可又は命令に関する手続をいう（収容措置）。

1. 民法典1831条第１項及び第２項の規定（同条第５項と併せて適用される場合を含む。）による自由剥奪を伴う収容
2. 民法典1831条第４項の規定（同条第５項と併せて適用される場合を含

む。）による自由剥奪を伴う措置

3．民法典第1832条第１項、第２項及び第４項の規定（同条第５項と併せて適用される場合を含む。）による強制的医療措置（病院で入院治療をするために収容することを含む。）、又は

4．精神病者の収容に関する州法の規定による成年者に対する自由剥奪を伴う収容、自由剥奪を伴う措置又は強制的医療措置

第313条　土地管轄

(1)　第312条第１号から第３号までの規定による収容事件については、次に掲げる順位で、〔次に掲げる裁判所が〕専属管轄権を有する。

1．世話人選任の手続が開始された裁判所又は世話手続が係属している裁判所

2．事件本人の常居所地を管轄する裁判所

3．収容措置の必要性が生じている地を管轄する裁判所

4．事件本人がドイツ人である場合には、ベルリンのシェーネベルク区裁判所

(2)　保全命令又は保全処分については、収容措置の必要性が判明した地を管轄する裁判所も管轄権を有する。保全命令又は保全処分の場合には、裁判所は、前項第１号又は第２号の規定により管轄権を有する裁判所にその旨を通知するものとする。

(3)　第312条第４号の規定による収容措置については、収容措置の必要性が生じている地を管轄する裁判所が専属管轄権を有する。事件本人が既に自由剥奪を伴う収容のための施設にいる場合には、施設の所在地を管轄する裁判所が専属管轄権を有する。

(4)　収容を含む世話人選任手続が係属している裁判所以外の裁判所が、収容事件について管轄権を有するときは、世話人選任手続が係属している裁判所は、収容事件を管轄する裁判所に、世話の取消し、収容を職務事項とする定めの削除及び世話人の変更を通知する。収容事件を管轄する裁判所は、他方の裁判所に、収容措置、その変更、延長及び取消しを通知する。

第314条　収容事件の移送

裁判所は、事件本人が他の裁判所の管轄区域に滞在し、かつ、収容の措置がその地で実施されるべき場合において、当該他の裁判所が手続を引き受ける用意がある旨を表明したときは、収容事件を移送することができる。

第315条　関係人

(1)　次に掲げる者は関係人となる。

1．事件本人

2．世話人

3．民法典第1814条第3項第2文第1号に規定する任意代理人

(2)　手続保護人は、選任されることにより、関係人として手続に関与する。

(3)　管轄官庁は、その申立てにより、関係人として手続に参加させられなければならない。

(4)　次に掲げる者は、事件本人の利益のために関係人となることができる。

1．事件本人とその婚姻の相手方又は生活パートナーが継続的な別居をしていない場合における事件本人の婚姻の相手方及び生活パートナー、事件本人がその親及び子と同居しているか、又は手続の開始時に同居していた場合における事件本人の親及び子、並びに養親

2．事件本人が指名した、その者にとって親しい者

3．事件本人が生活する施設の管理者

州法により、その他の者及び機関が関係人となり得ることを規定することができる。

第316条　手続能力

収容事件においては、事件本人は、行為能力の有無に関わらず、手続能力を有する。

第317条　手続保護人

(1)　裁判所は、事件本人の利益を擁護するために必要なときは、事件本人のために適格な手続保護人を選任しなければならない。その選任は、とりわけ事件本人の陳述聴取を見合わせるべき場合に、必要である。医学的強制措置に

対する同意の許可又はその命令の場合には、手続保護人の選任は常に必要である。

(2) 裁判所が事件本人のための手続保護人を選任しないときは、収容措置を許可し又は命ずる裁判にその理由を付さなければならない。

(3) 手続保護人は事件本人の希望、予備的にその推定される意思を確認し、裁判手続においてこれを主張しなければならない。手続保護人は手続の対象、経過及び予想される帰結を、適切な方法で事件本人に知らせ、必要に応じて、事件本人が手続においてその権利を行使する際に、事件本人を援助しなければならない。手続保護人は、事件本人の法定代理人ではない。

(4) 手続保護人には自然人が選任されなければならない。職業活動として手続保護を行う者は、名誉職として手続保護を行う用意のある適切な者がいない場合にのみ、手続保護人に選任するものとする。

(5) 事件本人の利益が弁護士その他の適格な手続代理人によって代理されるときは、手続保護人の選任を行わず、又はその選任を取り消すものとする。

(6) 手続保護人の選任は、それ以前に取り消されていない場合、裁判の確定その他の事由による手続の終結により終了する。

(7) 手続保護人の選任又はその取消し並びにこれらの措置の拒絶に対しては、独立して不服を申し立てることができない。

(8) 手続保護人には、費用を負担させることができない。

第318条　手続保護人の報酬と費用の償還

第277条の規定は、手続保護人の報酬と費用の償還について準用する。

第319条　事件本人に対する本人の陳述聴取

(1) 裁判所は、収容措置の前に、事件本人に対し本人の陳述聴取をし、事件本人について本人の印象を獲得しなければならない。裁判所は、必要がある限りで、事件本人の通常の環境において本人の印象を得る。

(2) 裁判所は、陳述聴取において、手続、送付された鑑定結果、予想される収容期間について、事件本人と討論する。裁判所が第317条の規定により事件本人のために手続保護人を選任したときは、本人の陳述聴取は手続保護人の在廷の下で行うものとする。

(3) 本人の陳述聴取により事件本人の健康に重大な不利益が生ずるおそれがあることを理由に、第34条第２項の規定に基づき、これを行わない場合、この判断は医学的鑑定意見に基づいてのみすることができる。この理由により本人の陳述聴取をしないときは、本人の印象を獲得する必要もない。

(4) 第１項の規定による手続行為は、司法共助の方法によって行わないものとする。

(5) 裁判所は、事件本人が第１項の規定による手続行為に協力することを拒絶したときは、管轄官庁を通じて事件本人を勾引することができる。

(6) 官庁は、裁判所が明示的に命じた場合にのみ、実力を用いることができる。管轄官庁は、必要な場合には、警察の執行機関の援助を求める権限を有する。

(7) 事件本人の住居を、その同意なく、強制的に開扉し、立ち入り、捜索することができるのは、裁判所がこのことを、陳述聴取のための事件本人の勾引について明示的に命じた場合に限る。差し迫った危険があるときは、管轄官庁が第１文の規定による命令をすることができる。この規定は、基本法第13条第１項の規定による住居の不可侵にする基本権を制限するものである。

第320条　その他の関係人及び管轄官庁の陳述聴取

裁判所は、その他の関係人の陳述を聴取しなければならない。裁判所は、管轄官庁の陳述を聴取するものとする。

第321条　鑑定意見の取得

(1) 収容措置の前に、その措置の必要性について、鑑定意見を取得することにより法定の証拠調べが行われなければならない。鑑定人は、鑑定を実施する前に、事件本人に対し本人の検査又は問診をしなければならない。鑑定意見は、予想される収容措置の期間をも含むものとする。鑑定人は、精神科の医師であるものとする。鑑定人は、精神科の領域で経験のある医師でなければならない。医学的強制措置に対する同意の許可又はその命令の場合、鑑定人は、強制的な治療を行う医師ではないものとする。

⑵　第312条第２号又は第４号の規定による自由剥奪を伴う措置については、医師の診断で足りる。

第322条　検査のための勾引、鑑定のための収容

第283条及び第284条の規定は、検査のための勾引及び鑑定のための収容について準用する。

第323条　決定主文の内容

⑴　収容措置の許可又は命令をする場合、決定主文には次に掲げる事項も含むものとする。

１．収容措置の詳細な表示

２．収容措置が終了する時期

⑵　医学的強制措置に対する同意の許可の場合又はその命令の場合には、決定主文に、当該措置の実施及び文書化が医師の責任であることの摘示も含むものとする。

第324条　決定の効力発生

⑴　収容措置の許可又は命令についての決定は、確定により効力を生ずる。

⑵　裁判所は、決定が即時に効力を生じることを命ずることができる。この場合において、決定は、次に掲げる時点に効力を生ずる。

１．決定及び〔決定に〕即時に効力を生じさせる命令が、事件本人、手続保護人、世話人又は民法典第1814条第３項第２文第１号に規定する任意代理人に告知された時点

２．決定及び〔決定に〕即時に効力を生じさせる命令が、決定の執行のために第三者に通知された時点

３．決定及び〔決定に〕即時に効力を生じさせる命令が、告知のために裁判所事務課に交付された時点

〔決定が〕即時に効力を生じる時点は、決定に記載されなければならない。

第325条　告知

⑴　決定理由の事件本人への告知は、医師の診断により、事件本人の健康に重

大な不利益が生ずることを避けるために必要である場合には、これを行わないことができる。

(2) 収容措置を許可し、又は命ずる決定は、事件本人が収容される施設の管理者にも告知されなければならない。裁判所は、収容措置を許可し、命じ、又は取り消す裁判を、管轄官庁に告知しなければならない。

第326条　収容のための引渡し、入院のための移送

(1) 管轄官庁は、第312条第1号の規定による収容のための引渡しの際に、又は、第312条第3号の規定による移送の際に、世話人又は民法典第1814条第3項第2文第1号に規定する任意代理人を、これらの者の求めにより援助しなければならない。

(2) 官庁は、裁判所が裁判により明示的に命じた場合にのみ、実力を用いることができる。管轄官庁は、必要な場合に、警察の執行機関の援助を求める権限を有する。

(3) 事件本人の住居を、その同意なく、強制的に開扉し、立ち入り、捜索することができるのは、裁判所がこのことを、収容のための引渡し又は第312条第3号の規定による移送について、明示的に命じた場合に限る。命令の前に事件本人に対し本人の陳述聴取をしなければならない。差し迫った危険があるときは、管轄官庁による命令は、事前に事件本人の陳述聴取をすることなく発することができる。この規定は、基本法第13条第1項の規定による住居の不可侵に対する基本権を制限するものである。

第327条　執行の事務

(1) 事件本人は、第312条第4号による収容措置の執行における個々の事務の規律のための措置に対して、裁判所の裁判を申し立てることができる。申立てにより、斥けられ又はなされない措置の発令のための義務の負担も、要求することができる。

(2) 申立ては、事件本人が、措置、措置の拒絶又は不作為によりその権利が侵害されるべきことを主張する場合にのみ、することができる。

(3) 申立ては、執行を猶予する効力を有しない。裁判所は、執行を猶予する効力を命ずることができる。

(4) 決定には、不服を申し立てることができない。

第328条　執行の中止

(1) 裁判所は、第312条第4号による収容の執行を中止することができる。中止には、条件をつけることができる。中止は、6か月を超えないものとする。中止は、1年の期間まで延長することができる。

(2) 裁判所は、事件本人が条件を履行しない場合、又は、事件本人の状態がそれを必要とする場合には、中止を撤回することができる。

第329条　収容措置の期間及び延長

(1) 収容措置は、それが前もって延長されない場合は最長1年間の経過により、明らかに長期の収容の必要性がある場合は最長2年間の経過により、終了する。医学的強制措置の同意の許可又はその命令は、前もって延長されないときは、6週間の期間を超えてはならない。

(2) 最初の命令又は許可についての規定は、収容措置の許可又は命令の延長について準用する。通算して4年を超える収容においては、裁判所は、事件本人をこれまで治療し若しくは鑑定した者又は事件本人が収容されている施設で勤務している者を、鑑定人に任命しないものとする。

(3) 通算で12週を超える医学的強制措置の同意の許可又はその命令については、裁判所は、事件本人をこれまで治療し若しくは鑑定した者又は事件本人が収容されている施設で勤務している者を、鑑定人に任命しないものとする。

第330条　収容措置の取消し

収容措置の許可又は命令は、その要件がなくなった場合は取り消されなければならない。第312条第4号による収容措置を取り消す前に、裁判所は、管轄官庁の陳述を聴取するものとする。ただし、それが、手続の少なからざる遅滞をもたらす場合は、この限りでない。

第331条　保全命令

裁判所は、次の各号のいずれにも該当する場合は、保全命令により、仮の収容措置を命じ又は許可することができる。

1．収容措置の許可又は命令の要件が満たされていると解される急迫の事情があり、かつ、即時の措置が差し迫って必要であること。

2．事件本人の状態及び措置の必要性についての医師の診断が存すること。診断を行う医師は、精神科の医師であるものとする。医師は、精神科の領域で経験を有していなければならない。ただし、第312条第2号及び第4号に定める自由剥奪を伴う措置についてはこの限りでない。

3．第317条の場合において、手続保護人が選任され、かつ、その陳述が聴取されていること。

4．事件本人に対して本人の陳述聴取がされたこと。

第319条第4項と異なり、司法共助の方法による事件本人の陳述聴取はすることができる。

第332条　緊急性が高まった場合における保全命令

遅滞のおそれがある場合に、裁判所は、事件本人に対する本人の陳述聴取並びに手続保護人の陳述聴取及び選任の前であっても、前条による保全命令を発することができる。これらの手続行為は遅滞なく追完されなければならない。

第333条　保全命令の期間

(1) 保全命令は、6週間の期間を超えてはならない。この期間が十分でない場合は、保全命令は、鑑定人の陳述聴取をした後、さらなる保全命令により延長することができる。複数回の延長は、第1文及び第2文の要件の下ですることができる。保全命令は、通算して3か月を超えてはならない。鑑定の準備のための収容（第322条）はこの通算期間に含まれる。

(2) 保全命令は、医学的強制措置の同意の許可又はその命令の場合は、2週間の期間を超えてはならない。複数回の延長をする場合は、通算して6週間を超えてはならない。

第334条　保全処分

第331条、第332条及び前条は、民法典第1867条により収容措置がとられるべき場合について準用する。

第335条　抗告に関する補充規定

(1)　次に掲げる者は、第一審において関係人となっていた場合、事件本人のために、抗告権を有する。

1．事件本人がその婚姻の相手方又は生活パートナーと継続して別居していない場合には事件本人の婚姻の相手方又は生活パートナー、事件本人が親又は子の下で生活し又は手続開始時に生活していた場合には事件本人の親及び子、里親

2．事件本人によって指名された、事件本人が親しい者

3．事件本人が生活している施設の管理者

(2)　手続保護人は、抗告権を有する。

(3)　世話人又は事前代理人は、その職務範囲に関する裁判に対して、事件本人の名においても、抗告を提起することができる。

(4)　管轄官庁は、抗告権を有する。

第336条　事件本人による抗告の提起

事件本人は、自己が収容されている地区の区裁判所にも、抗告を提起することができる。

第337条　収容事件における費用

(1)　収容事件において、第312条第1号から第3号までによる収容措置が斥けられ、不当なものとして取り消され、制限され、又は措置についての裁判がされずに手続が終結するときは、裁判所は、事件本人の費用の全部又は一部を、それが目的にかなった訴訟追行のために必要であった限りにおいて、国庫に負担させることができる。

(2)　第312条第4号に基づく精神病患者の収容についての州法による収容措置の申立てが斥けられ、又は取り下げられ、かつ、管轄行政官庁が申立てを行う理由に根拠のないことが手続によって明らかになった場合は、裁判所は、事件本人の費用を行政官庁が属する団体に負担させなければならない。

第338条　裁判の通知

第308条及び第311条の規定は、通知について準用する。第330条第1文によ

る収容措置の取消し及び第328条第１項第１文による収容の中止は、事件本人が生活する施設の管理者に通知されなければならない。

第339条　近親者への通知

裁判所は、収容措置の命令又は許可及びその延長を、事件本人の近親者又は事件本人が親しい者に遅滞なく通知しなければならない。

第３章　世話裁判所の割当事件の手続

第340条　世話裁判所の割当事件

世話裁判所の割当事件とは、それが世話事件又は収容事件とならない限りにおいて、次に掲げる手続をいう。

1．未成年者又は既に懐胎された子のための保護を除く、保護に関する手続
2．成年者のためのその他の代理人の裁判上の選任に関する手続
3．世話裁判所に割り当てられるその他の手続

第341条　土地管轄

裁判所の管轄は、世話裁判所の割当事件においては、第272条により定まる。

第４編　遺産事件及び分割事件の手続

第１章　定義、土地管轄

第342条　定義

⑴　遺産事件とは、次に掲げる事項に関わる手続をいう。

１．死因処分の特別の公の保管

２．遺産の保全（遺産保護を含む。）

３．死因処分の開封

４．相続人の捜索

５．法律の規定により遺産裁判所に対してなされるべき意思表示の受領

６．相続証書、遺言執行者証明書その他、遺産裁判所により交付されるべき証明書

７．遺言執行

８．遺産管理

９．その他法律により遺産裁判所の職務とされている職務

⑵　分割事件とは、次に掲げる事件をいう。

１．裁判所が、本編の規定にしたがい、遺産分割及び、婚姻若しくは生活パートナーシップによる財産共同制又は継続財産共同制を終了させる合有財産の分割において遂行しなければならない職務

２．土地登記法第36条及び第37条並びに船舶登録法第42条及び第74条の規定による、婚姻若しくは生活パートナーシップによる財産共同制又は継続財産共同制に服する合有財産の分割に関する証明書に係る手続

第343条　土地管轄

⑴　被相続人の死亡時の常居所地を管轄する裁判所が、土地管轄権を有する。

⑵　被相続人が、その死亡時に国内に常居所を有しなかったときは、被相続人の国内の最後の常居所を管轄する裁判所が、管轄権を有する。

⑶　第１項及び前項による管轄が認められない場合において、被相続人がドイツ人であるか、遺産帰属財産が国内に存在するときは、ベルリンのシェーネ

ベルク区裁判所が管轄権を有する。ベルリンのシェーネベルク区裁判所は、重大な事由に基づき事件を他の遺産裁判所に移送することができる。

第344条　特別の土地管轄

(1)　遺言の特別の公の保管については、次に定める裁判所が管轄権を有する。

1．公証人の前で遺言が作成された場合について、当該公証人の職務所在地を管轄する裁判所

2．市町村の長の前で遺言が作成された場合について、当該市町村所在地を管轄する裁判所

3．遺言が民法典第2247条により作成された場合について、いずれの裁判所も〔jedes Gericht〕

被相続人は、いつでも、第１文によれば土地管轄を有しない裁判所における保管を要求することができる。

(2)　第349条第２項第２文による共同遺言の新たな特別の公の保管は、先に死亡した者の遺産について管轄権を有する裁判所において行われる、ただし、生存している婚姻当事者又は生活パートナーが他の区裁判所における保管を要求した場合にはこの限りではない。

(3)　第１項及び前項の規定は、相続契約の特別の公の保管について準用する。

(4)　遺産の保全については、その管轄地に保全の必要性が存在する裁判所のいずれもが、管轄権を有する。

(4a)　遺産の分割については、被相続人の最後の常居所地を管轄する区裁判所の管轄区域内に職務所在地を有する公証人のいずれもが、管轄権を有する。被相続人が国内に常居所を有しなかったときは、遺産帰属財産の所在地を管轄する区裁判所の管轄区域内に職務所在地を有する公証人のいずれもが管轄権を有する。土地管轄権を有する複数の公証人のうち、分割の申立てを最初に受けた公証人が、〔遺産分割の〕仲裁を担う。分割の関係人間の合意は、その効力を妨げられない。

(5)　財産共同制における合有財産の分割については、合有財産に対する持分が遺産に属する場合には、当該遺産の分割について管轄権を有する公証人が、

管轄権を有する。その他の場合には、第122条第１号から第５号までにより管轄権を有する裁判所の管轄区域内に職務所在地を有する公証人のいずれもが、管轄権を有する。以上により管轄が認められない場合には、合有財産に属する対象財産の所在地を管轄する区裁判所の管轄区域内に職務所在地を有する公証人のいずれもが、管轄権を有する。前項第３文及び第４文の規定は、これを準用する。

(6) 前条により管轄権を有する裁判所と異なる裁判所のもとで死因処分の公の保管がされている場合には、当該裁判所〔そのもとで死因処分の公の保管がされている裁判所〕が死因処分の開封について管轄権を有する。

(7) 相続を放棄する旨の意思表示並びに、放棄期間の徒過を取り消す旨、相続の承認又は放棄を取り消す旨及び〔これらの〕取消しを取り消す旨の意思表示の受領については、これらの意思表示をする者の常居所地を管轄する遺産裁判所も管轄権を有する。意思表示についての調書の原本又は公に認証された方式によってされた意思表示の原本は、当該裁判所から、〔第343条により〕管轄権を有する遺産裁判所に送付されなければならない。

第２章　遺産事件の手続

第１節　一般的な規定

第345条　関係人

(1) 相続証書の発行手続における関係人は、申立人である。さらに次に掲げる者を関係人に加えることができる。

１．法定相続人

２．問題となる死因処分の内容によれば、相続人として顧慮される者

３．相続権に関する訴訟が係属中の場合には、申立人の相手方

４．死因処分が無効である場合には相続人になる者

５．その遺産に対する権利が手続により直接影響を受ける、その他全ての者

これらの者は、その申立てがある場合には、関係人に加えられなければならない。

(2) 前項の規定は、民法典第1507条に基づく証明書並びに、土地登記法第36条及び第37条に基づく証明書、並びに船舶登録法第42条及び第74条に基づく証明書の発行について準用する。

(3) 遺言執行者の選任及び、遺言執行者証書の発行の手続における関係人は、遺言執行者である。裁判所は、次に掲げる者を関係人に加えることができる。

1．相続人

2．共同遺言執行者

これらの者は、その申立てがある場合には、関係人に加えられなければならない。

(4) その他の申立てに基づき行われるべき遺産手続〔Nachlassverfahren〕においては、次に掲げる手続について、それぞれに掲げる者を関係人に加えなければならない。

1．遺産保護又は遺産管理について、遺産保護人又は遺産管理人

2．遺言執行者の解任について、遺言執行者

3．相続法上の期間の定めについて、その者との関係で期間が定められる者

4．財産目録作成期間の定め若しくは延長について、その者との関係で期間が定められる相続人、並びに民法典第2008条の場合にはその婚姻の相手方又は生活パートナー

5．宣誓に代わる保証を受けることについて、宣誓に代わる保証をすべき者、並びに民法典第2008条の場合にはその婚姻の相手方又は生活パートナー

裁判所は、手続によりその権利が直接に影響を受けるその他の者全てを、関係人として手続に参加させることができる。その申立てがある場合にはこれらの者は手続に参加させなければならない。

第2節　死因処分の保管

第346条　特別の公の保管に関する手続

⑴　死因処分の特別の公の保管での引受け、及び死因処分の引渡しは、裁判官により命令されなければならず、裁判官及び裁判所事務課の文書作成官によって共同で行われなければならない。

⑵　保管は、裁判官及び文書作成官が共同で封印することにより行う。

⑶　被相続人に対しては、保管された死因処分についての寄託証〔Hinterlegungsschein〕が交付されるものとする、共同遺言の場合にはいずれの被相続人も固有の寄託証を取得し、相続契約の場合には、いずれの契約当事者も固有の寄託証を取得する。

第347条　保管についての通知

⑴　裁判所が、自筆証書遺言又は危急時遺言について特別の公の保管を開始した場合には、当該裁判所は、中央遺言登録簿〔Zentrale Testamentregister〕を管理する登録官庁に対して、連邦公証人法第78d条第2項第2文の意味における保管情報を電子的方法により遅滞なく通知する。前文の規定は、特別の公の保管を受けていない自筆証書による共同遺言及び相続契約について、これらが、第1死亡者の死亡の後に開封され、第1死亡者の死亡に伴い開始する相続に関する指示のみを含むものではない場合に、準用する。

⑵　第349条第2項第2文及び第4文の規定により共同遺言又は相続契約について再び特別の公の保管が開始された場合には、第344条第2項又は第3項により管轄権を有する裁判所が、中央遺言登録簿を管理する登録官庁に対して保管情報を通知する。その際、〔以前になされた公の保管についての登録情報が〕現存する限りは、当該登録情報に関連づけをする。

⑶　特別の公の保管の対象となった死因処分が、特別の公の保管から返還された場合には、特別の公の保管を実施していた裁判所が、このことを登録官庁に通知する。

⑷　（削除）

⑸　（削除）

(6)　（削除）

第３節　死因処分の開封〔Eröffnung〕

第348条　遺産裁判所による死因処分の開封

(1)　裁判所は、被相続人の死亡を知った場合には直ちに、その保管下にある遺言を開封しなければならない。開封については調書を作成しなければならない。死因処分が封印されていた〔verschlossen〕場合には、調書において、封印に損傷がなかったか否かを確認しなければならない。

(2)　裁判所は、死因処分の開封のために期日を定め、法定相続人及びその他の関係人を期日に呼び出すことができる。出席者には、死因処分の内容を口頭で告知しなければならない。死因処分は、出席者の閲覧に供することもできる。要求があった場合には、出席者の閲覧に供さなければならない。

(3)　裁判所は、関係人に対し、当該関係人に関係する死因処分の内容を書面により告知しなければならない。ただし、前項の期日に出席した関係人についてはこの限りではない。

第349条　共同遺言及び相続契約の開封の場合の特則

(1)　共同遺言の開封においては、生存している婚姻当事者又は生活パートナーの処分については、処分の内容を分けることができる限り、関係人に告知してはならない。

(2)　共同遺言が特別の公の保管下にあった場合には、死亡した婚姻当事者又は生活パートナーの処分について認証された謄本が作成されなければならない。遺言は再び封印し、第344条第２項により管轄権を有する裁判所において改めて特別の公の保管下に戻さなければならない。

(3)　遺言が先に死亡した婚姻当事者又は生活パートナーの相続についての指示のみを内容とする場合、とりわけ遺言が、婚姻当事者又は生活パートナーを互いに相続人にする旨の意思表示のみである場合には、前項は適用しない。

(4)　前３項の規定は、相続契約について準用する。

第350条　他の裁判所による死因処分の開封

第344条第６項の規定により管轄権を有する裁判所が死因処分を開封した場合には、当該裁判所は、当該死因処分及び開封調書の認証された謄本を遺産裁判所に送らなければならない。死因処分の認証された謄本が、死因処分を開封した裁判所の元にとどめ置かれなければならない。

第351条　死因処分の開封期間

遺言、共同遺言、又は相続契約が30年以上の期間公の保管下に置かれていた場合には、保管をしている官署は職権により、被相続人がまだ生存しているかどうかを確認するものとする。保管をしている官署が、被相続人がまだ生存していることを確認できなかった場合には、死因処分は開封されなければならない。第348条から第350条までの規定を準用する。

第４節　相続証書手続、遺言執行

第352条　相続証書の交付申立てにおける摘示、正しいことの証明

(1)　法定相続人として相続証書の交付を申し立てる者は、次に掲げる事項を摘示しなければならない。

1．被相続人の死亡時

2．被相続人の最後の常居所及び国籍

3．自己の相続権の根拠となる関係

4．自己の相続を妨げるような、又は自己の相続分を減少させるような者が存在する又はしたか、及び存在する又はした場合には、いかなる者か

5．被相続人による死因処分が存在するか、及び存在する場合にはいかなる死因処分か

6．自己の相続権に関する訴訟が係属しているか

7．自己が相続を承認した事実

8．自己の相続分の割合

申立人の相続を妨げたり、申立人の相続分を減少させたりする者が存在しなくなった場合には、申立人は、その者がいかにして存在しなくなったかを

申告しなければならない。

(2) 死因処分に基づき相続証書の交付を申し立てる者は、次に掲げる事項を摘示しなければならない。

1．自己の相続権の根拠となる処分

2．被相続人のその他の死因処分が存在するか、及び存在する場合には、いかなる死因処分か

3．前項第1文第1号、第2号及び第6号から第8号まで並びに第2文所定の事項

(3) 申立人は第1項第1文第1号及び第3号並びに第2文による摘示内容が正しいことを公文書により証明し、また、前項の場合には、自己の相続権の根拠となる文書を提出しなければならない。これらの文書を調達することができない場合及び、過度の困難をもってしか調達することができない場合には、他の証拠方法の摘示で足りる。被相続人が死亡時に剰余共同制の財産状態において生活していたことの証明、並びに、その他第1項及び前項により必要となる摘示〔の内容が正しいこと〕の証明につき、申立人は、自己の摘示が正しいことの妨げとなる事実を知らないことについて、裁判所又は公証人に対して宣誓に代わる保証をしなければならない。遺産裁判所は、必要がないと認める場合には、申立人に対して、宣誓に代わる保証をすることを免除することができる。

第352a条　共同の相続証書

(1) 相続人が複数いる場合には、申立てに基づき、共同の相続証書が交付されなければならない。この申立ては、相続人のそれぞれがすることができる。

(2) 申立てにおいては、相続人及びその相続分を摘示しなければならない。相続分の摘示は、全ての申立人が、申立てにおいて、相続証書への相続分の記載を放棄する場合には、必要ない。

(3) 申立てが全ての相続人によってなされていない場合には、申立てにおいて、その他の相続人が相続を承認した旨の摘示がなされなければならない。前条第3項の規定は、申立人のその他の相続人に関係する摘示についても、

適用される。

(4) 前条第３項による宣誓に代わる保証は、遺産裁判所が一人又は複数の相続人による保証で足りると認めた場合を除き、全ての相続人がこれをしなければならない。

第352b条　先位相続人のための相続証書の内容、遺言執行者の摘示

(1) 先位相続人に対して交付される相続証書においては、後位相続が指示されていること、いかなる要件の下で後位相続が開始されるか及び、誰が後位相続人かが記載されなければならない。被相続人が、後位相続人に後位相続開始時点での残余財産を与える旨を定めていた場合、又は先位相続人が相続財産について自由な処分権限を有する旨を定めていた場合には、その旨が相続証書に記載されなければならない。

(2) 被相続人が遺言執行者を指定していた場合には、その旨が相続証書に記載されなければならない。

第352c条　対象財産を限定した相続証書

(1) 相続財産に、外国に存在する財産が属する場合には、国内に存在する財産に限定した相続証書の交付の申立てをすることができる。

(2) その権利者の登記・登録のための登記簿又は登録簿がドイツの官庁により運用されている財産は、国内に存在するものとみなす。その請求のための訴えについてドイツの裁判所が管轄権を有する請求権は、国内に存在するものとみなす。

第352d条　公の催告

遺産裁判所は、他者に帰属する相続権の届出のための公の催告をすることができる。通知の方法や届出期間については、公示催告手続について適用される規定〔第433条以下〕に従う。

第352e条　相続証書の申立てについての裁判

(1) 相続証書は、遺産裁判所が、申立てを理由づけるのに必要な事実〔の存在〕が確認されたと判断した場合にのみ、交付することができる。その裁判は、決定でなされる。決定は、された時に効力を生じる。決定の告知を要しない。

(2) 決定が関係人の表示された意思に反する場合には、決定は当該関係人に対し告知されなければならない。この場合には裁判所は、決定の即時の効力発生を停止し、決定の確定まで相続証書の交付を留保しなければならない。

(3) 相続証書が既に交付されていた場合には、決定に対する抗告は、相続証書の没収が申し立てられる場合に限りすることができる。

第353条　相続証書の没収又は失効宣言〔Kraftloserkläung〕

(1) 没収のための手続において相続証書が即時に入手できない場合には、遺産裁判所は、決定で当該相続証書の失効を宣言しなければならない。当該決定は第435条の規定に準じて公示されなければならない。連邦公報における公表から1か月の経過により失効宣言は効力を生じる。決定の公表後は、これを取り消すことはできない。

(2) 相続証書の没収又は失効宣言の手続においては、裁判所は、手続の費用について裁判しなければならない。費用についての裁判は終局裁判とともになされるものとする。

(3) 相続証書が既に没収されている場合には、没収決定に対する抗告は、同じ文言の新しい相続証書の交付の申立てがなされる場合に限り、することができる。いずれか不明であるときは、抗告は、同じ文言の新しい相続証書の交付の申立てとみなす。

第354条　その他の証明書

(1) 前2条の規定は、民法典第1507条及び第2368条、土地登記法第36条及び第37条、並びに船舶登録法第42条及び第74条による証明書の交付について準用する。

(2) 遺言執行者が遺産の管理において制限を受ける場合又は、被相続人が、遺言執行者が遺産について債務を負うことについて制限を受けない旨を指示した場合には、このことが民法典第2368条の規定による証明書において記載されなければならない。

第355条　遺言執行

⑴　遺産裁判所が第三者に対し民法典第2198条第２項の規定による意思表示のための期間を定める決定、又は遺産裁判所が遺言執行者に指名された人物に対し職務の受任のための期間を定める決定に対しては、民事訴訟法第567条から第572条までの規定の準用により即時抗告をすることができる。

⑵　第40条第３項の規定は、複数の遺言執行者の意見が相違した場合に法律行為の実施について裁判所が下す決定について準用する。抗告は２週間の期間以内に提起されなければならない。

⑶　複数の遺言執行者が職務を共同で遂行する場合、裁判所が被相続人による遺産の管理に関する指示を無効にする決定、及び裁判所が遺言執行者の意見の相違について判断する決定に対しては、各遺言執行者が独立に抗告をすることができる。

第５節　手続に関するその他の規定

第356条　通知義務

⑴　裁判所は、子供が民法典第1640条第１項第１文及び第２項により目録を作成しなければならない。財産を死亡を原因として取得したことを知った場合には、当該財産取得につき家庭裁判所に通知をする。

⑵　第344条第４項の規定により裁判所が遺産の保全のための措置を命じた場合には、このことにつき、第343条に基づき管轄権を有する裁判所に対して連絡をするものとする。

第357条　開封された死因処分の閲覧、相続証書又はその他の証明書の正本

⑴　法律上の利益を疎明した者は、開封された死因処分を閲覧する権限を有する。

⑵　法律上の利益を疎明した者は、自らに対し裁判所により相続証書又はその他の証明書の正本が交付されることを要求することができる。第354条により交付された裁判所による証明書及び、遺言執行者の選任及び解任に関する決定についても同様である。

第358条　遺言書の提出の強制

民法典第2259条の場合には、遺言の提出の命令は、決定で行われる。

第359条　遺産管理

(1)　相続人による遺産管理の命令の申立てを認める決定に対しては、不服を申し立てることができない。

(2)　遺産債権者による遺産管理の命令の申立てを認める決定に対しては、相続人（共同相続の場合にはそれぞれの相続人）及び、遺産を管理する権限を有する遺言執行者のみが、抗告をすることができる。

第360条　財産目録調整期間〔Inventarfrist〕の定め

(1)　相続人に対し財産目録調整期間を定める決定に対する抗告提起のための期間は、それぞれの遺産債権者について、財産目録調整期間の決定の申立てをした遺産債権者に決定が知らしめられた時点から開始する。

(2)　前項の規定は、新たな財産目録調整期間の指定について判断をする決定又は相続人による財産目録調整期間の延長の申立てについて判断をする決定について準用する。

第361条　宣誓に代わる保証

遺産債権者が、相続人に対し、民法典第2006条に規定されている宣誓に代わる保証をするよう要求した場合には、宣誓に代わる保証をするための期日の決定は遺産債権者及び相続人のいずれによっても申し立てることができる。この期日には両者が呼び出されなければならない。債権者の出席は必要ではない。民事訴訟法第478条から第480条まで及び第483条の規定は、これを準用する。

第362条　遺留分請求権の猶予

第264条の規定は、遺留分請求権の猶予（民法典第2331a条及び第1382条）に関する手続について準用する。

第３章　分割事件の手続

第363条　申立て

(1)　複数の相続人がいる場合には、公証人は申立てに基づき関係人の間での遺産の分割を仲介する。ただし、分割の権限を有する遺言執行者がいる場合にはこの限りではない。

(2) 共同相続人の全て、相続分の取得者及び、相続分に対し質権又は用益権を有する者が申立権限を有する。

(3) 申立てにおいては関係人及び分割対象物の総体〔Teilungsmasse〕を挙げるものとする。

第364条　（削除）

第365条　呼出し

(1) 公証人は、申立人及びその他の関係人を審理期日に呼び出さなければならない。公示送達による呼出しはすることができない。

(2) 呼出しにおいては、関係人のいずれかが欠席しても分割について審理がなされること、及び、期日が延期された場合又は審理の続行のための新たな期日が定められた場合には新たな期日への呼出しは行わなくてもよいことの教示を含むものとする。分割のための資料が存在する場合には、呼出しにおいて、資料は公証役場において閲覧することができることが教示されなければならない。

第366条　裁判外の合意

(1) 出席した関係人が分割の前に合意に達した場合、とりわけ分割の方法について合意に達した場合には、公証人は、合意を文書に記録しなければならない。ある関係人のみが出席した場合の当該関係人による提案についても同様である。

(2) 全ての関係人が出席した場合には、公証人は、これらの関係人の間に成立した合意の有効性を確認しなければならない。欠席した関係人が、裁判所の調書又は公の認証がなされた文書により同意した場合にも、同様とする。

(3) 関係人が期日に出席しなかった場合には、公証人は、当該関係人が前項第2文による同意をしなかったときには、当該関係人に対してこの者に関係する文書の内容を知らせ、同時に、当該関係人に対して、文書を公証人役場において閲覧することができること及び、文書の写しを要求できることを、通知しなければならない。当該通知においては、当該関係人が公証人が定めた期間内に新たな期日の指定を申し立てなかった場合又は、〔指定された〕新たな期日に出席しなかった場合には、彼が文書の内容に同意したものとみなされる旨、教示がなされなければならない。

(4) 関係人が期間内に新たな期日の指定を申立て、かつ、彼がこの期日に出席した場合には審理が続行されなければならない。その他の場合には、公証人は、合意の有効性を確認しなければならない。

第367条　原状回復

原状回復についての規定（第17条、第18条及び第19条第１項）は、前条の場合において関係人が過失なく、期間内に新たな期日の指定を申し立てること又は、新たな期日に出席することを妨げられた場合について準用する。

第368条　分割案、確認

(1) 事件の状態に鑑み分割を行うことが可能になった場合には直ちに、公証人は分割案を作成しなければならない。出席した関係人が分割案の内容に同意した場合には、公証人は、分割を文書に記録〔beurkunden〕しなければならない。全ての関係人が出席している場合には、公証人は、分割の有効性を確認しなければならない。欠席した関係人が、裁判所の調書又は公の認証がなされた文書により同意した場合にも、同様とする。

(2) 欠席した関係人がいる場合には、公証人は、第366条第３項及び第４項に従って手続を進めなければならない。前条の規定は、これを準用する。

(3) （削除）

第369条　くじによる分配

くじによる分配の合意が成立した場合には、別の定めがない限り、欠席した関係人のために、公証人が選任した代理人がくじを引く。

第370条　争いがある場合の中止

審理において争いのある点が浮かび上がった場合には、当該争点について調書を作成し、手続を当該争点が解決されるまで停止しなければならない。争いのない点が文書化できる場合には、公証人は第366条並びに第368条第１項及び第２項に従って手続を進めなければならない。

第371条　有効性が確認された合意及び分割の効力、執行

⑴　第366条第１項による合意及び第368条による分割は、有効性を確認する決定〔Bestätigungsbeschluss〕の確定により効力を生じ、全ての関係人との関係で契約による合意又は分割と同じように拘束力を有する。

⑵　第366条第１項による合意並びに分割に基づき、これらが効力を生じた後、執行がなされる。民事訴訟法第795条及び第797条の規定が適用されなければならない。

第372条　上訴

⑴　第366条第３項の期間を定める決定、及び原状回復について裁判する決定に対しては、民事訴訟法第567条から第572条までの規定の準用により、即時抗告をすることができる。

⑵　有効性を確認する決定に対する抗告は、手続についての規定が遵守されなかったことのみを根拠とすることができる。

第373条　財産共同制の分割

⑴　本章の規定は、婚姻若しくは生活パートナーシップによる財産共同制又は継続財産共同制の終了による合有財産の分割について準用する。

⑵　第345条第１項並びに第352条、第352a条、第352c条から第353条まで及び第357条の規定は、土地登記法第36条及び第37条の規定並びに船舶登録法第44条及び第74条の規定による、婚姻による財産共同制、生活パートナーシップ財産共同制、又は継続的財産共同制の合有財産の分割についての証明書を付与し、没収し、又は失効させる手続について準用する。

第５編　登記事件及び企業法事件の手続
（第374条～第409条）　略

第６編　その他の非訟事件の手続（第410条～第414条）　略

第７編　自由剥奪事件の手続

第415条　自由剥奪事件

⑴　自由剥奪事件とは、手続が連邦法上異なって規律されていない限り、連邦法に基づいて命じられた自由の剥奪に関する手続をいう。

⑵　自由の剥奪は、ある者から、その意思に反し又は意思を喪失した状態で、とりわけ留置場又は病院の閉鎖された部分のような隔離された施設において、自由が剥奪される場合に、存在する。

第416条　土地管轄

自由を剥奪されるべき者の常居所地を管轄する裁判所のほか、自由の剥奪の必要が生じている地を管轄する裁判所が、管轄権を有する。その者が既に隔離された施設において留置されている場合は、施設が存する地を管轄する裁判所が、管轄権を有する。

第417条　申立て

⑴　裁判所は、管轄行政官庁の申立てによってのみ、自由の剥奪を命ずることができる。

⑵　申立てには理由を付さなければならない。理由は次に掲げる事実を含まなければならない。

１．事件本人の身元

２．事件本人の常居所

３．自由の剥奪の必要性

４．自由の剥奪が必要な期間

５．国外退去、強制送還、入国拒否のための身体拘束の手続においては、事件本人の立退義務、並びに、国外退去、強制送還、入国拒否の要件及び貫徹可能性

行政官庁は、国外退去のための身体拘束の手続において、申立てとともに、事件本人の記録を提出するものとする。

⑶　前項第２文に定める事実は、最終の事実審の終了までに補充されることが

できる。

第418条　関係人

(1) 自由を剥奪される者（事件本人）及び自由の剥奪の申立てを行った行政官庁は、関係人となる。

(2) 手続保護人は、その選任により、関係人として手続に加えられるものとする。

(3) 次に掲げる者は、事件本人の利益のために関係人となることができる。

1. 事件本人が婚姻の相手方又は生活パートナーと継続して別居していない場合には、事件本人の婚姻の相手方又は生活パートナー、事件本人が親及び子の下で生活し又は手続開始時に生活していた場合には、事件本人の親及び子、里親
2. 事件本人によって指名された、事件本人の親しい者

第419条　手続保護人

(1) 裁判所は、事件本人の利益の擁護のために必要であるときは、事件本人〔のため〕に手続保護人を選任しなければならない。選任は、とりわけ事件本人の陳述聴取がなされないときは、必要である。

(2) 手続保護人は事件本人の希望、予備的にその推定される意思を確認し、これを裁判手続において主張しなければならない。手続保護人は手続の対象、経過及び予想される帰結を、適切な方法で事件本人に知らせ、必要に応じて、事件本人が手続においてその権利を行使する際に、事件本人を援助しなければならない。手続保護人は、事件本人の法定代理人ではない。

(3) 手続保護人の選任は、事件本人の利益が弁護士又はその他の適切な手続代理人によって代理されているときは、なされないか、取り消されるものとする。

(4) 選任は、前もって取り消されていないときは、自由の剥奪についての決定の確定又は手続のその他の終結をもって、終了する。

(5) 手続保護人の選任又は選任の取消し及びこれらの措置の拒絶に対しては、独立に不服を申し立てることができない。

(6) 第277条の規定は、手続保護人の報酬及び費用償還について準用する。手続保護人には、費用を負担させることができない。

第420条　陳述聴取、拘引

(1) 裁判所は、自由の剥奪を命ずる前に、事件本人に対して本人の陳述聴取をしなければならない。事件本人が陳述聴取の期日に出頭しないときは、第33条第３項とは異なり、事件本人の即時の拘引を命ずることができる。裁判所は、これについて、不服申立てのできない決定によって裁判する。

(2) 事件本人に対する本人の陳述聴取は、医師の鑑定によればこれにより事件本人の健康に対する重大な不利益が心配される場合、又は、事件本人が対感染症保護法にいう伝染性の疾病に罹患している場合には、しないことができる。

(3) 裁判所はその他の関係人の陳述を聴取しなければならない。陳述聴取は、それが著しい遅延又は不相当な費用なくしてなし得ない場合には、しないことができる。

(4) 病院の隔離された部分における自由の剥奪は、鑑定医の陳述聴取後にのみ、命ずることができる。自由の剥奪の申立てをした行政官庁は、申立てに、医師による鑑定意見を付すものとする。

第421条　決定の主文の内容

自由の剥奪を命ずる決定の主文は、次に掲げる事項をも含む。

1．自由の剥奪の詳細な表示

2．自由の剥奪が終了する時点

第422条　決定の効力発生

(1) 自由の剥奪を命ずる決定は、確定により効力を生ずる。

(2) 裁判所は、決定が即時に効力を生ずることを命ずることができる。この場合において、決定は、次に掲げる時点に効力を生ずる。

1．決定及び〔決定に〕即時に効力を生じさせる命令が、事件本人、管轄行政官庁若しくは手続保護人に告知された時点。

2．決定及び〔決定に〕即時に効力を生じさせる命令が、裁判所の事務課に告知の目的で交付された時点。

〔決定が〕即時に効力を生ずる時点は、決定に記載されなければならない。

(3) 自由の剥奪を命ずる決定は、管轄行政官庁によって執行される。

(4) 刑事執行法第171条、第173条から第175条まで、及び、第178条第3項の規定は、国外退去のための身体拘束の手続について滞在法第62a条に別段の定めがある場合を除き、入国拒否のための身体拘束（滞在法第15条）又は国外退去のための身体拘束（滞在法第62条）が、職務上の援助の方法で刑務所において執行される場合について準用する。

第423条　告知の不実施

事件本人への決定の理由の告知は、医師の診断によれば、これをしないことが事件本人の健康への重大な被害を避けるために必要である場合には、しないことができる。

第424条　執行の中止

(1) 裁判所は、自由の剥奪の執行を中止することができる。裁判所は、事前に行政官庁及び施設の管理者の陳述を聴取しなければならない。１週間までの中止については、裁判所の裁判を要しない。中止には、条件をつけることができる。

(2) 裁判所は、事件本人が条件を履行しない場合、又は、事件本人の状態がそれを必要とする場合には、中止を撤回することができる。

第425条　自由の剥奪の期間及び延長

(1) 自由の剥奪を命ずる決定において、他の制定法において自由の剥奪についてより短い最長期間が定められていない限り、自由の剥奪につき１年以内の最長期間を定めなければならない。

(2) 期限内に、裁判官の命令によって自由の剥奪の延長が命じられないときは、事件本人は、解放されなければならない。解放は、裁判所に通知されなければならない。

(3) 最初の命令についての規定は、自由の剥奪の延長について準用する。

第426条　取消し

(1)　自由の剥奪を命ずる決定は、自由の剥奪の理由がなくなったときは、前条第１項に定める期間の経過前に、職権によって取り消されなければならない。取り消す前に、裁判所は、管轄行政官庁の陳述を聴取しなければならない。

(2)　関係人は、自由の剥奪の取消しを申し立てることができる。裁判所は、決定により、申立てについて裁判する。

第427条　保全命令

(1)　裁判所は、自由剥奪命令の要件が充たされていると解される急迫の事情があり、かつ、即時の措置が差し迫って必要である場合には、保全命令により、仮の自由の剥奪を命ずることができる。仮の自由の剥奪は、６週間の期間を超えてはならない。

(2)　遅滞による危険のある場合には、裁判所は、事件本人に対する本人の陳述聴取並びに手続保護人の選任及び陳述聴取の前に、保全命令を発することができる。手続行為は遅滞なく追完されなければならない。

第428条　行政措置、裁判官による審査

(1)　自由を剥奪するものであって、かつ、裁判官の命令に基づかない全ての行政措置に際し、管轄行政官庁は、裁判官による裁判を遅滞なく得なければならない。自由の剥奪が、自由の剥奪の翌日の満了までに、裁判官の裁判によって命じられなかった場合には、事件本人は解放されなければならない。

(2)　行政官庁の措置が前項第１文によって取り消される場合は、これについてもこの編の規定による裁判所の手続において裁判されなければならない。

第429条　抗告についての補充規定

(1)　管轄官庁は、抗告権を有する。

(2)　次に掲げる者は、第一審において関係人となっていた場合には、事件本人のために抗告権を有する。

1．事件本人が婚姻の相手方又は生活パートナーと継続して別居していない場合には事件本人の婚姻の相手方又は生活パートナー、事件本人が親及び

子の下で生活し又は手続開始時に生活していた場合には事件本人の親及び子、里親

2．事件本人によって指名された、事件本人の親しい者

⑶ 手続保護人は、抗告権を有する。

⑷ 事件本人が既に隔離された施設にいる場合には、抗告は、施設の存する地区の裁判所にも提起することができる。

第430条　費用の弁償

行政官庁による自由の剥奪の申立てが斥けられ又は取り下げられ、かつ、申立てを行う理由に根拠がなかったことが手続によって明らかになった場合には、裁判所は、事件本人の費用を、それが目的にかなった訴訟追行のために必要であった限りにおいて、行政官庁が属する団体に負担させなければならない。

第431条　裁判の通知

第308条及び第311条の規定は、裁判の通知について準用する。この場合において、「世話人」とあるのは、「行政官庁」に読み替えるものとする。第426条第1文による自由剥奪措置の取消し及び第424条第1項第1文によるその執行の中止は、事件本人がいる隔離された施設の管理者に通知しなければならない。

第432条　近親者への報告

自由の剥奪及びその延長の命令について、裁判所は、事件本人の近親者又は事件本人の親しい者に遅滞なく通知しなければならない。

第８編　公示催告事件の手続（第433条～第484条）　略

第９編　終末規定（第485条～第493条）　略

ドイツ家庭事件及び非訟事件の
手続に関する法律　　**書籍番号　500601**

令和６年２月１日　第１版第１刷発行

編　　集　法務省大臣官房司法法制部
発行人　福田千恵子
発行所　一般財団法人　法曹会
〒100-0013　東京都千代田区霞が関1-1-1
振替口座　00120-0-15670
電　　話　03-3581-2146
http://www.hosokai.or.jp/

落丁・乱丁はお取替えいたします。　印刷製本／（株）キタジマ

ISBN 978-4-86684-109-0